JN153372

生死を分ける、山の遭難回避術

実例に学ぶリスク対策の基礎知識

羽根田 治
OSAMU HANEDA

誠文堂新光社

第3章 経験者でも遭難する

第4章 救助を要請する

第5章 ふだんからできるトレーニングと体調管理

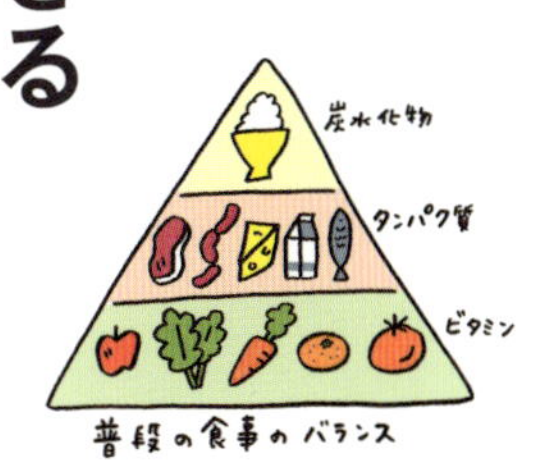

まえがき

山での遭難事故があとを絶ちません。事故は年々増え続ける傾向にあり、2015年のデータによると1日約7件の割合で発生しています。新聞やテレビなどで報道されるのはその一部であり、私たちが知らないところでも多くの事故が起きているのです。

これほどまでに遭難事故が増えてしまった要因はいくつか考えられますが、いちばん問題なのは、遭難事故を他人事と捉えてしまう登山者自身の意識です。取材を通して登山者に話を聞くと、「自分は遭難しない」と思い込んでいる人が少なくないことに驚かされます。しかし、どんな山にも、多かれ少なかれ危険が潜んでいます。山に登る以上、そうした危険と無関係ではいられず、ときに些細なミスが大きな遭難事故につながってしまいます。

山では誰もが遭難するリスクを潜在的に抱えており、いつその当事者になってもおかしくはないのです。

本来、登山は健康的で楽しいものですが、事故を起こさないようにするには、登山者自身が山に存在するリスクを管理する必要があります。本書では、実際に起きた事故事例を取り上げ、同様の事故を繰り返さないためにはどうしたらいいのかについて解説しました。

読者の方が、安全に登山を楽しむための参考にしていただければ幸いです。

1 山岳遭難事故の実態

第1章

増え続ける遭難事故と遭難者

警察庁は１９６１年以降、毎年、山岳遭難発生状況の統計をまとめて発表しています。そのうち遭難発生件数と遭難者数の推移を示したのが下のグラフです。61年と２０１５年を比較してみると、発生件数および遭難者数は約6倍と、ともに激増していることが一目瞭然です。とくに中高年の登山ブームがピークを迎える90年代後半ごろからは、右肩上がりで事故が増え続けており、15年の発生件数と遭難者数は、61年以降、最も高い数値となりました。なかでも遭難者数は、この年に初めて３０００人を突破しています。

ちなみに15年の遭難者３０４３人のうち、無事救出が１５５７人、負傷者が１１５１人で、死者・行方不明者は３３５人でした。全遭難者のうち、約11%にあたる登山者が還らぬ人となったわけです。

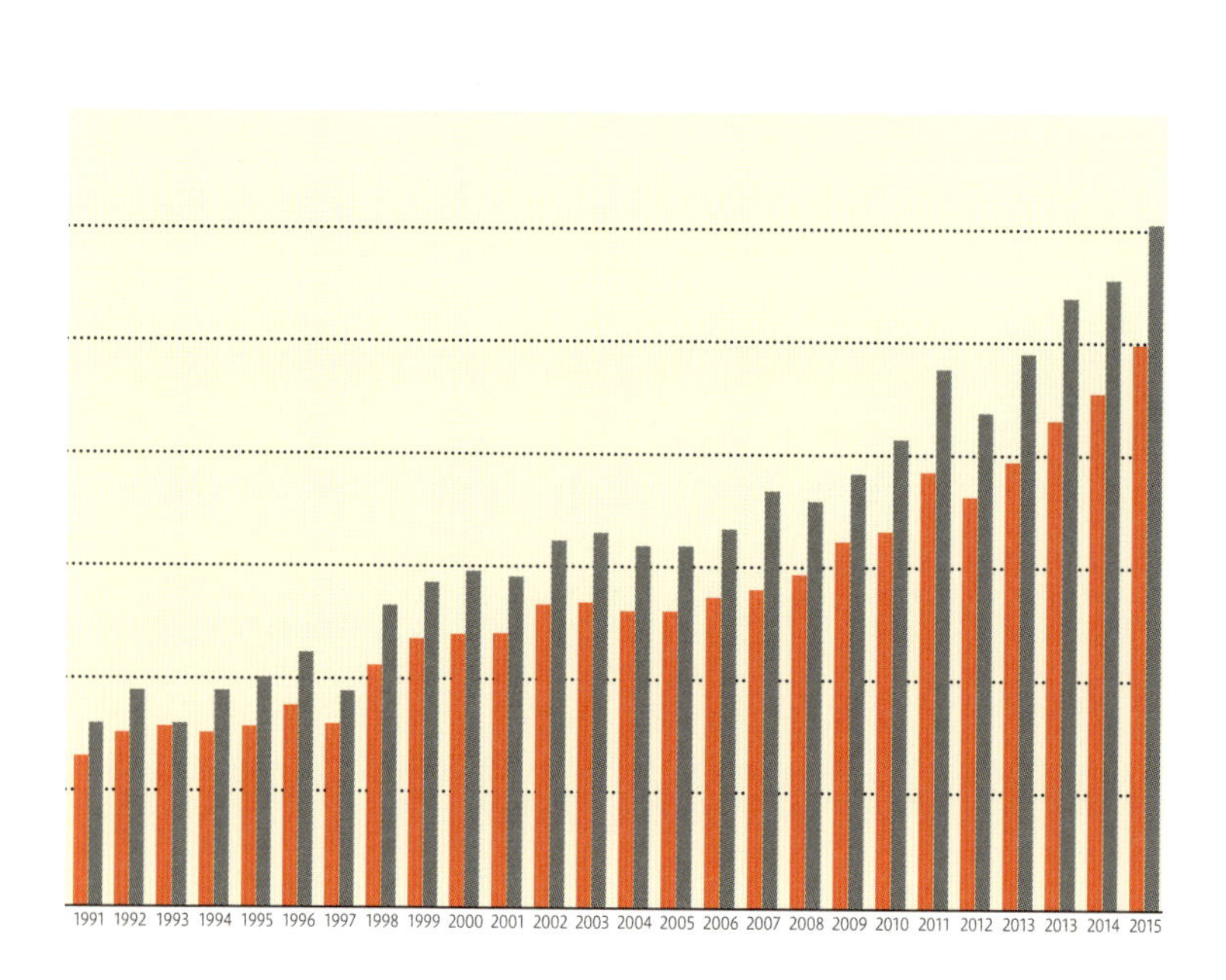

さて、近年は若者の登山ブームが定着し、大勢の若者が山に来るようになり、山もずいぶん華やかになった印象を受けます。これに伴い、まだ数字には顕著に現れていないものの、20～30代の若者の遭難事故も増えてきているようです。たとえば05年には312人（全体の18・5％）だった40歳未満の遭難者は、10年後の15年には倍以上の709人（23・2％）となっています。

しかし、それでも依然として、登山人口の年齢構成は中高年層が圧倒的に多く、遭難者の大半を占めているのも彼ら中高年層です。

15年の統計では、40歳以上の遭難者は全遭難者の76・7％にあたる2334人で、うち60歳以上の遭難者は1565人（51・5％）でした。つまり、遭難者の半数以上が60歳以上の高齢者ということになります。また、死者・行方不明者を見ると、全死者・行方不明者の91・6％を占める307人が40歳以上で、うち60歳以上は、全死者・行方不明者の69・9％にあたる234人となっています。中高年層のなかでも、とくに高齢者の事故が多いのも、近年の特徴のひとつといっていいでしょう。

遭難発生件数、遭難者数の推移（警察庁「平成27年における山岳遭難の概況」より）

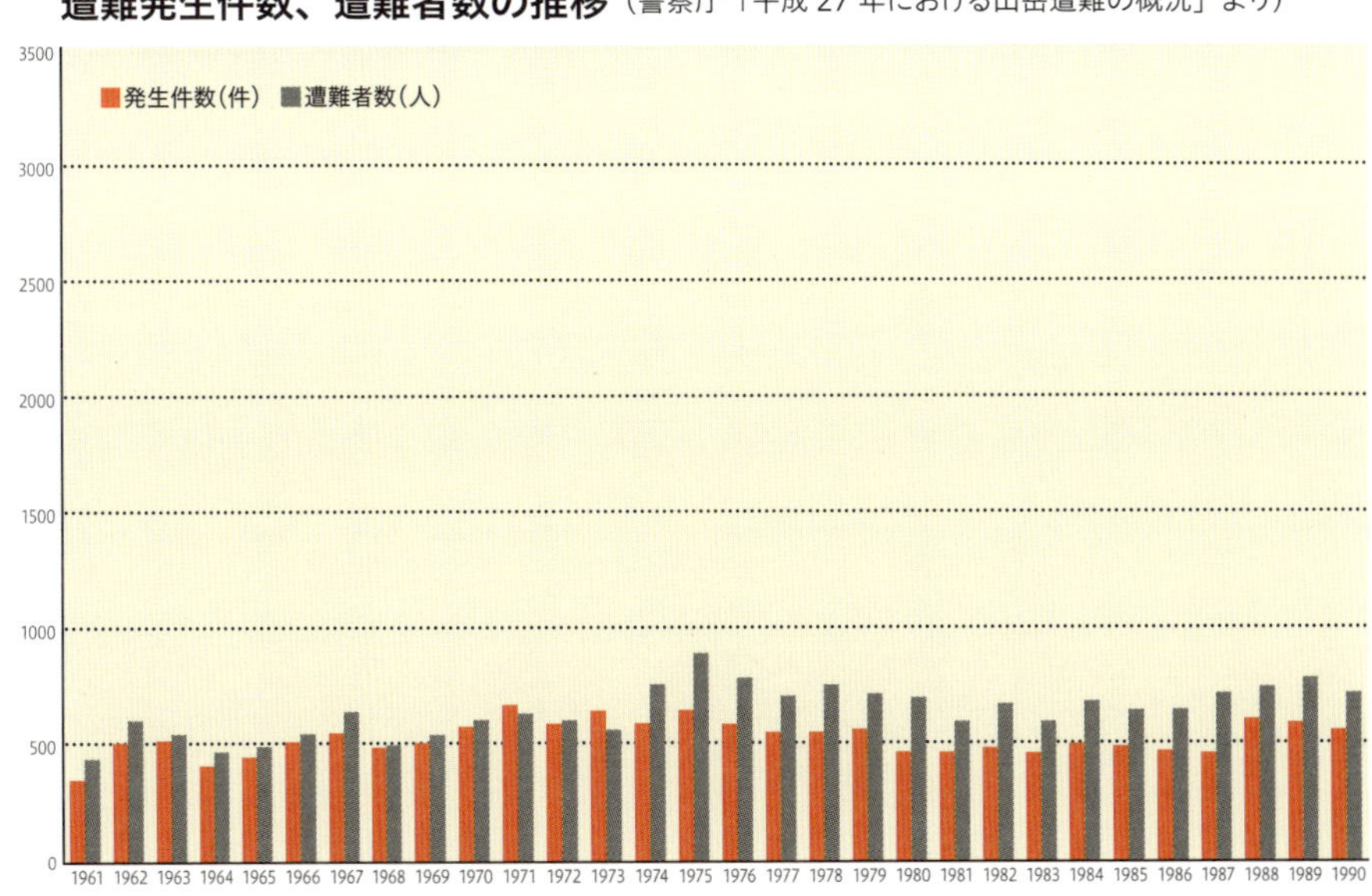

最も多い事故要因は道迷い

15年の遭難事故を要因別に見ると、最も多いのが「道迷い」の1202人で、これは全遭難者の39・5％にあたります。以下、「滑落」（501人、16・5％）、「転倒」（467人、15・3％）、「病気」（232人　7・6％）、「疲労」（172人　5・7％）と続きます。1990年代ごろまでは転滑落による事故のほうが多かったのですが、2000年前後からは道迷いが急増し、近年はずっと遭難事故の最多要因となっています。

道迷いは、地図とコンパスで現在地を確認しながら行動するという登山の基本を守っていれば、まず起こりえません。たとえ道に迷ってしまったとしても、どこかの時点で「あれ、おかしいな」と気づくはずで、そのときに「道に迷ったら引き返す」という登山の鉄則を実行していれば、正しいルートに戻ることができます。

それにもかかわらず、これほど道迷い遭難が多発しているのは、登山の基本が身についていない登山者が増えているからなのかもしれません。

そのほかの要因では、病気や疲労による事故が目立ってきているのも近年の傾向です。これは、登山人口の多くを占める中高年層が、体になんらかの危険因子を抱えていることによるものと思われ、しっかり体調管理を行なうことが事故防止の鍵となってきます。

リスクが高い単独行

仲間とパーティを組まずにひとりで山を歩く単独行登山は、根強い人気があります。しかし、万一アクシデントに遭遇したときには、頼るべき仲間がいないので、自分ひとりだけで対処しなければなりません。それが軽いケガ程度だったらまだしも、行動不能の重傷を負ってしまったら、とにかく助けが来てくれるのをその場でじっと待つしかありません。そのぶん救助活動の初動も遅れがちになり、重傷度や致命率も高くなってしまいます。

警察庁の統計によると、15年の単独行の遭難者は全遭難者の約35・1％にあたる1068人です。このうち死者・行方不明者は、全単独遭難者の17・3％を占める185人で、2人以上のパーティを組んだ場合の死者・行方不明者の7・6%と比較すると、約2・3倍の数字となっています。パーティ登山よりも単独行のほうが、遭難してしまったときに最悪の結果を招く確率が高いことは、この数字からも明白です。

そのリスクの高さを認識したうえで単独登山をするのならまだいいのですが、単なる憧れから単独行に誘われていく登山者も少なくないようです。

警察庁 2015 年の統計より

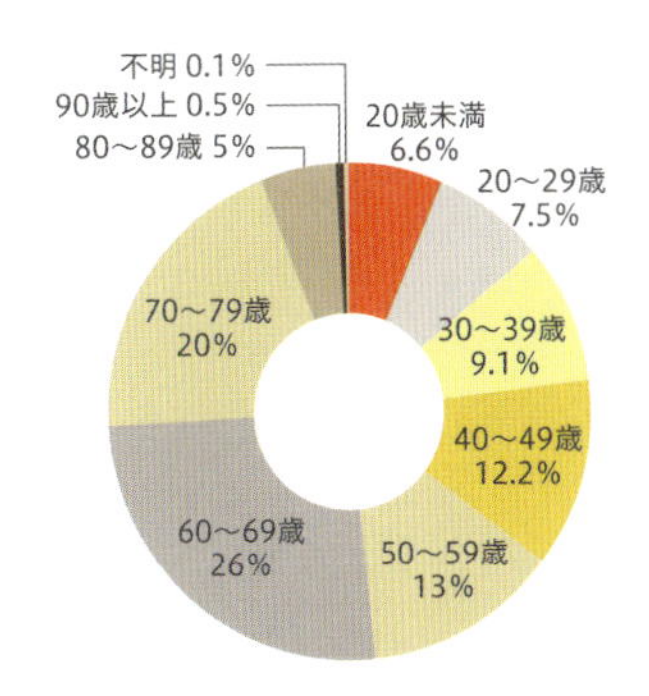

年齢層別 遭難者の割合

40歳以上の遭難者は、全遭難者のうち約4分の3を占める。そのなかでも、とりわけ60歳以上の高齢者が目立つ。死者・行方不明者も大半が40歳以上で、60歳以上の割合も高い。

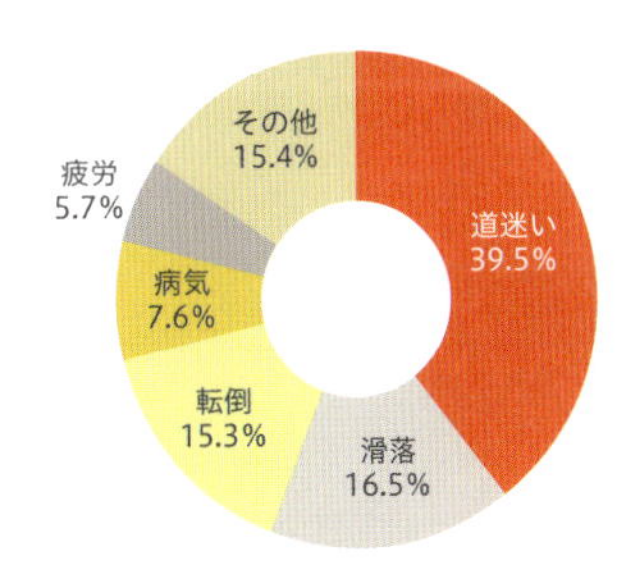

事故要因別 遭難者の割合

近年は道迷いによる遭難事故が圧倒的に多い。そのほか、滑落、転倒、病気などが主な事故要因として挙げられる。

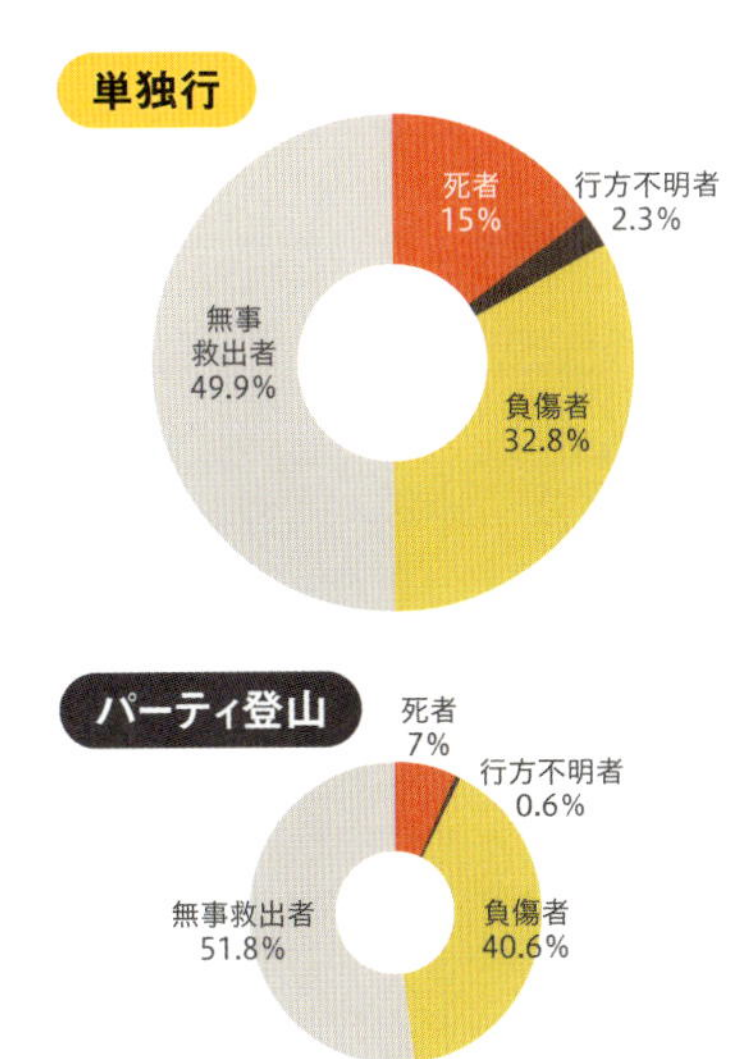

単独行とパーティ登山の遭難状況の比較

単独行の死者・行方不明者は、パーティを組んでの登山と比較すると約2.3倍。助け合える仲間がいないため、事故に遭遇したときの致命率は高い。

昨今の遭難事例

遭難事故が年々増え続けるなか、その事故形態も多種多様になってきている。では、実際にどんな事故が起きているのか。ここからは近年に起きた特徴的ないくつかの事例を見ていくことにしよう。

【事例1】

CASE-1
道に迷って崖から転落

熊倉山山頂付近に設けられた注意を促す看板。

奥秩父・酉谷山（天目山）

10月8日の朝、70代の男性が「今日は天気がいいから、秩父の山に行ってくるよ」と妻に言い残して家を出た。ところが、男性は夜になっても戻ってこなかった。

翌日、妻から届け出を受けた山岳救助隊が捜索を開始したが、男性が秩父のどの山に登ったのか特定できず、捜索は難航した。結局、手掛かりはなにひとつ得られず、しばらくして捜索は打ち切られてしまった。

それから半年ほどが経った翌年4月2日、東京と埼玉の都県境近く、酉谷山（天目山）の北側斜面の川浦谷渓谷源頭部で釣りをしていた釣り人が、人間の頭蓋骨を発見して警察に届け出た。それが前年、行方不明になっていた男性の変わり果てた姿であった。

2006年10月8日

現場に残されていた遺品のなかには一冊の手帳があり、そこには遭難するまでの経緯が克明に記されていた。それによって、男性が登ったのは熊倉山だったことが判明した。

熊倉山に登頂後、男性は日野コースを下っていって武州日野駅に下山しようとしたようだ。ところが、下りはじめる時点で方向を間違えてしまい、まったく逆の南東方向へ延びる尾根をたどっていってしまった。しばらく進むうちに、さすがに「この道でいいのだろうか」と不安に思ったようだが、引き返すことはせずに山中をあちこち彷徨い、やがて日没となって、その日は小黒の手前あたりで夜を明かした。

「おかしい」「変だ」と思いながら、目に見えない力に引っ張られるようにして先に進んでしまうのは、道迷い遭難の典型的な行動パターンである。

手帳には、翌日もまた行きつ戻りつしながら山のなかを彷徨った様子がしたためられている。道を尋ねる人もなく、周囲は木の葉ばかりで、どれほど無駄な時間をとらされたことか、と書かれたメモからは、どうあがいても脱出できない焦燥感が見て取れる。

やがて行き当たった高さ10mほどの岩場で、男性は下を覗き込んで様子を確認しようとしたのだが、誤って足を滑らせて崖から落下してしまい、しばらく気を失っていた。

その後、意識はとり戻したものの、転落した際に腰から背中にかけてを強打し、自力で行動することができなくなってしまった。どの程度のケガを負っていたのか、腰の骨が折れていたのかどうかは、胴体が見つからなかったのでわからない。おそらく野生動物に食べられてしまったのだろう。

転落した場所は沢のいちばん上流部で、周囲を岩に囲まれていた。男性はその場所で少なくとも2日間は生きていた。その間に手帳に記録をしたためたのだろう。

手帳の最後の文面は、11日に書かれた家族宛の遺書で、「妻に言われたとおり、この山行を中止していれば、せめて携帯電話を持ってきていれば」「転落する以前にもっと慎重に道をさがすべきだった」といったことが書かれていた。

もし男性が家族に「熊倉山に登る」とはっきり告げていたら、あるいは登山計画書を残していたら、捜索範囲が絞れていたはずだから早期に発見され、命を落とさずにすんでいたかもしれない。

東京近郊の奥多摩や奥武蔵、奥秩父などのエリアには、行き先がわからないために、いまだ発見されていない行方不明の登山者が少なからずいるという。

CASE-2 岩場で滑落し、重傷を負う

五竜岳頂上直下は険しい岩場となっている。

北アルプス・五竜岳

60代の男性が八方尾根スキー場から後立山連峰に入山したのは7月28日のこと。3泊4日の日程で唐松岳から五竜岳、鹿島槍ケ岳、爺ケ岳と縦走し、扇沢に下山するという計画であった。

男性は30代のころから山登りを始めていたが、40代半ばのころに右足を骨折して以来、標高の高い山には行かなくなり、もっぱら奥多摩や奥武蔵、秩父などの低山に通っていた。北アルプスに登るのは、実に30年ぶりのことだった。

ここ3年ほどは体重が増え、また心筋梗塞を患ったこともあって、標準的な同年代と比べると体力がないことは充分自覚していた。それでも「なんとかなるだろう」と思っていたが、唐松岳頂上山荘まで標準コースタイムで3時間半のところを倍の7時間もかかってしまった。

翌日は五竜山荘までの行程だったが、やはり歩みは遅く、前日同様、標準コースタイムの2倍の時間をかけてようやく小屋にたどりついた。

翌30日、朝食前に五竜岳の山頂でご来光を見るため、カメラだけを持って5時過ぎに山荘を出た。鹿島槍ケ岳が見えるG2

2014年7月30日

で写真を撮り、頂上直下の岩場を登っているときだった。突然、目眩がしてふらつき、「あ、事故が起きるのはこんなときなんだろうな」と思った次の瞬間、その場に倒れて登山道上を4～5m滑落してしまった。我に返ると、右目の上の額あたりからおびただしい出血があった。転んだときに花崗岩に打ったようだ。顔面の左側もかなり擦りむいており、どこかにぶつけたらしい左手の小指も負傷した。

アクシデントに気づいた周囲の登山者からは「大丈夫ですか」「どうしたんですか」という声が飛び交い、直後に25、26歳の若い女性が駆け寄ってきて、傷の応急手当をしてくれた。そのうち周囲にたくさんの登山者が集まってきたため、通行の邪魔にならないよう登山道の脇に連れていかれ、そこで腰を下ろして30分ほど休んだ。多くの人が心配して声をかけてくれたが、「大丈夫です。自分で下りられます」と答えているうちに誰もいなくなったので、1時間以上かけて五竜山荘まで下りた。

山荘内に入ってスタッフに事故を報告すると、「ヘリコプターを呼びましょうか」と言われた。しかし、ヘリを呼ぶと高額な救助費用がかかると聞いていたし、山岳保険にも入っていなかったので、「大丈夫です。遠見尾根から下山します」と答えてしばらく休んだのち、自力で下山を開始した。

苦労して岩場を越え、止まらない出血をティッシュペーパーで拭い取りながら下り続けること約6時間、ふと気がつくといつの間にかうしろから60歳ぐらいの男性登山者が追いついてきて、「あなたの足ではとても最終のゴンドラには間に合いませんよ」と声を掛けられた。よくよく話を聞いてみると、その登山者は、五竜山荘を出るときに、スタッフから「もし下っていく途中でケガを負っている男性に出会ったら、時間も時間なので、もうヘリを呼んでください」と言われていたそうだ。

「大丈夫、県警の救助ヘリはお金がかかりませんから、ヘリを呼びましょう」と説得され、男性は救助を要請することを了解した。しばらくするとヘリコプターがやってきてピックアップされ、信濃大町のヘリポートから救急車で地元の病院へと運ばれていった。

額の裂傷は16針縫うことになった。顔にはほかに6、7箇所の擦過傷があり、左手の小指は骨折していた。額には痺れの後遺症が半年ほど残り、拘縮してしまった指のリハビリでは、人生で初めて経験するほどの痛みを味わったという。

CASE-3 人為的落石が直撃して死亡

ザイテングラードの事故現場付近。

北アルプス・奥穂高岳

夏山シーズン真っ盛りの8月5日、60代の男性が妻と8歳の孫の3人で上高地から穂高連峰に入山した。3人は6日に奥穂高岳に登頂して穂高岳山荘に宿泊、7日に上高地へと下山する予定だった。

事故は7日の朝、涸沢へ向けてザイテングラードを下っているときに起きた。標高約2750mあたりに差し掛かった午前7時20分ごろ、孫が落石を受けてバランスを崩して滑落、咄嗟に手を伸ばして助けようとした男性もいっしょに滑落してしまったのだ。事故発生時の現場では、直径数十センチの石が複数落ちてきたという。

2人の滑落距離は40～50m。約1時間後に長野県警のヘリコプターが2人を救助したが、男性は頭の骨を折っており、搬送先の病院で死亡が確認された。全身を強く打って意識不明に陥っていた孫も、同日夜に息を引き取った。

この事故の要因となったのは、ほかの登山者による人為的落石だった。落石は、涸沢からザイテングラードを登ってきた登山者が、3人とすれ違った直後に起こしたもので、不幸にもそれ

2011年8月7日

が孫に当たってしまった。ただし、登山者が起こした落石が直撃したのか、誘発による落石が当たったのかはわかっていない。祖父にあたる男性の滑落は、落石によるものではなく、孫を助けようとしてバランスを崩してしまったものと見られている。

同じシーズン中の8月17日には、北穂高岳の滝谷第一尾根を登攀していた60代の男性が落石を受け、指を3本切断するという事故が起きている。21日には立山の一ノ越付近で団体登山の一行がミカン箱大の落石に遭い、10代の子供が軽傷を、20代の女性が骨折の重傷を負った。さらに28日には剱岳早月尾根の通称「カニのハサミ」付近で落石が発生し、登山中だった8人パーティのうち60代の男性が頭を切り、60代の女性が腕を骨折している。

夏の北アルプスなどの標高3000m前後の岩稜帯には、大小の岩や石が不安定な状態で無数に堆積しており、落石が起こりやすくなっている。しかもそこを登山者が歩くことによって、人為的落石の危険がいっそう高まってくる。

とくに近年は、岩場やガレ場の基本的な歩き方を身につけないまま3000m級の山々にやってくる登山者も後を絶たず、槍・穂高連峰の縦走路などでは、無意識的に石をガラガラ崩しながら歩く登山者も見受けられ、「危なくて仕方がない」という声も聞こえてくる。

なお、長野県山岳遭難防止対策協会は、2013年6月、過去の転滑落・落石事故や地形的条件を考慮し、安全への配慮が特に必要な県下5つのエリア（北アルプス北部・南部、南アルプス、中央アルプス、戸隠連峰）の特定区域や山を「山岳ヘルメット着用奨励山域」に指定し、一般登山者へのヘルメット着用の呼びかけを開始。エリア内にある一部の山小屋では、ヘルメットのレンタルも始められた。

その背景には、事故を起こした登山者がヘルメットを被っていたおかげで命拾いをしたという一件がある。この40代男性登山者は、夏に奥穂高岳から西穂高岳への縦走路をたどっているときに滑落してしまい、岩雪崩とともに急斜面を150mほど転がり落ちていったのだが、頭部はヘルメットに守られていたために致命傷を負わずにすみ、奇跡的に助かったのだった。それまでヘルメットは主にアルパインクライミングや沢登りに用いられる装備であったが、これを機に一般登山での有効性が認められるようになった。

この取り組みは広く浸透しつつあり、落石や致命的な転滑落のリスクが高い岩稜や雪渓などがある一般ルートでは、多くの登山者がヘルメットを着用するようになっている。

CASE-4 下山を目前に先行して滑落死

奥秩父（おくちちぶ）・両神山（りょうかみさん）

40代の男性とその妻、中学生の娘の3人家族が、日帰りで奥秩父の両神山を目指したのは、6月23日のこと。この日の午前8時ごろ、3人は両神山北側の八丁トンネル登山口を出発し、八丁尾根を経由して昼ごろに山頂に到着した。

両神山の主要コースの一本である八丁尾根は、急峻な尾根伝いに鎖の架けられた岩場のアップダウンが連続する難コースで、転滑落事故も多発している。その難コースを3人はいっしょに下山し、八丁峠まで下りてきた。八丁峠から登山口までは40分ほどの下りで、父親は下山を目前に「ここまで来ればもう大丈夫」と判断したのだろう、妻と娘に「先に行ってるよ」と告げ、車を停めた登山口へと先行していった。

妻と娘はゆっくりと下っていき、登山口に着いたのが午後4時40分ごろ。ところが先に下山したはずの父親の姿はなく、数時間待っても現れず連絡もつかないことから、110番で警察に届け出た。通報を受けた警察は消防とともにその日

遭難者はここで道を間違えた。

2013年6月23日

の夜遅くまで捜索を行なったが、手掛かりはつかめず、翌24日の午前5時から捜索を再開。県警ヘリと防災ヘリも出動して空からコース周辺を捜していたところ、午後3時20分ごろ、登山道脇の崖下で行方不明の父親が倒れているのを防災ヘリが発見、その場で死亡が確認された。

警察の調べによると、先行した父親は、八丁峠の下にある分岐点でルートを誤り、登山口ではなく坂本の集落へと至る登山道に入っていってしまったとのこと。それから間もなくしてほかの登山者に行き合い、道を間違えたことを教えられたという。そこで父親は分岐まで戻り、八丁トンネル登山口への登山道をたどっていった。そのまま順調に下りていけば、あと数十分で登山口に着いていたはずだ。ところが、わずかな距離の間に落とし穴があった。原因は不明だが、なにかの拍子に登山道上から滑落してしまったのである。

救助関係者のひとりは、この事故について次のように語る。

「八丁尾根は、核心部の危険箇所ばかりに注意が向きがちですが、登山口から八丁峠までの間も、過去に滑落事故が起きている険しい区間です。それを認識していれば、初心者の妻子と離れ離れになることがいかにリスクが高いか、判断できたと思うのですが……」

登山中に同じパーティの仲間同士で差がついてしまうことは、よくあることだ。歩くペースはみな均一ではないし、途中で用を足したくなったときに「先に行ってて」と言ったりすることもあり、ときに姿が見えなくなるぐらい仲間との間隔が開くのはさして珍しいことではない。それでもたいていの場合は、途中で仲間が待っていたり、最終目的地で全員が顔を揃えたりして、なにごともなくすんでいる。

しかし、お互いの姿が見えなくなるまで間隔が開いてしまうと、万一アクシデントが発生したとしても、フォローし合うことができないばかりか、アクシデントの発生にさえ気付かないことが起こりうる。そうなったらもうパーティは分裂しているに等しく、パーティを組んでいる意味はまったくない。この事例のように、場合によってはそれが取り返しのつかない事態につながってしまうこともある。

実際、パーティを組んでいながら行動中にメンバーがバラバラになってしまい、それが引き金となって引き起こされる遭難事故が近年はあとを絶たない。仲間といっしょに山に登る以上、パーティが分裂してしまうことの危険性は認識しておくべきであろう。

CASE-5 山中で発病して救助後に死亡

遭難者パーティがたどった、三俣蓮華岳から双六岳へと続く稜線。

北アルプス・双六岳（すごろくだけ）

8月23日、大学山岳部の同期生の70代男性3人が、富山県側の折立（おりたて）から北アルプスに入山した。4泊5日の日程で雲ノ平（くものだいら）、高天原（たかまがはら）、三俣蓮華岳（みつまたれんげだけ）、双六岳を巡り歩き、新穂高温泉へと下山するという計画であった。

3人のうちのひとりの体調がすぐれなくなったのは、雲ノ平山荘に泊まっていた3日目の朝のことだった。「胃の調子がおかしく、食欲がない」と言って朝食をとらなかったのだ。たまたまもうひとりのメンバーも前日に転倒して負傷してしまい、この日は双六小屋まで行く予定だったのが、大幅なペースダウンによって三俣山荘までしか行けなかった。

翌27日になっても男性の食欲は戻らず、腹痛や吐き気を我慢しながら、10時間近くかけてなんとか鏡平山荘にたどり着いた。もはや男性がなんらかの病気であることは疑いもないことであり、当人は「胃潰瘍かもしれない」と仲間に漏らしていた。

翌28日は朝7時に小屋を出発した。標準コースタイムどおりなら、3時間半で新穂高に下山できる行程だった。仲間は、下山したらすぐにタクシーを飛ば

2005年8月28日

して男性を救急病院に運び込むつもりでいた。しかし、仲間が男性の荷物を持っているにもかかわらず、歩くペースは今まで以上に遅く、ちょっと歩いてはすぐに腰を下ろして横になってしまうような有様だった。

「こんな状態で日没までに下山できるのだろうか」と心配になり始めたころ、ひとりの若い登山者が登ってきた。彼は、明らかに様子のおかしい3人を見て、「こんにちは!。大丈夫ですか?」と声をかけてきた。彼は「自分は岐阜県の山岳警備隊員です」と名乗り、「なにかお手伝いしましょうか」と申し出た。調子の悪い男性は「なんとかがんばって下りられる」と言い張ったが、苦しそうな顔をしてお腹の痛みを訴えており、どう見ても自力で下りられるような様子ではなかった。

結局、3人は隊員の申し出に従うことにして、その場から隊員に付き添ってもらいながら下山を再開した。しかし、しばらくすると男性は10mほど歩いては座り込むようになってしまい、いくら励ましても体がいうことをきかなくなっていた。

隊員ひとりだけでは背負って下ろすこともできず、「さてどうしたものか」と逡巡していたところへ上がってきたのが、無線連絡を受けて出動した仲間の警備隊員であった。そこからは男性を背負っての搬送となり、まもなく民間の救助隊員も駆けつけてきて、搬送スピードは一気に加速した。

午後3時すぎ、ようやく林道まで下りてくると、男性はそこから警察車両で新穂高へと運ばれ、救急車にバトンタッチして病院へと搬送されていった。病院での診断は「虫垂炎」とのことで、その日のうちに手術が行なわれた。

これにより、男性は一命をとりとめたかのように思えた。しかし、その3日後、虫垂炎が原因となった多臓器不全により、還らぬ人となってしまった。

街で病気になれば、すぐに病院に行ったり救急車を呼んだりして迅速に治療をうけることもできるが、山のなかではそういうわけにもいかない。今日、早期発見・治療によって1~2週間程度で完治する虫垂炎も、山で発症すれば命取りになってしまうこともある。それもまた山の怖さである。

CASE-6 トレランレース中に滑落死

奥多摩（おくたま）・御前山（ごぜんやま）

「日本山岳耐久レース」、通称「ハセツネカップ」は、奥多摩全山71・5キロを24時間以内で走破するという過酷なもので、日本最高峰のトレイルランニングレースとして知られる。このレースに出場するためにトレイルランニングを始める人も多く、毎年のエントリーは応募開始後間もなくで定員一杯となってしまうほどの人気ぶりだ。

　その第15回目のレースが開催された10月20日に事故は起きた。レーススタートから10時間以上が経過した午後11時20分ごろ、小河内峠（おごうちとうげ）～御前山間の尾根上にあるソーヤの丸デッコを過ぎたところで、レースに参加していた40代の男性がコースから転落してしまったのだ。

　現場は全行程の約3分の2のあたりに差し掛かる45km地点、道幅約70cmの細い登山道が下りながら右に緩くカーブしている箇所だった。事故が起きたとき、転落者の前後には約5m間隔でほかの選手が歩いていた。うしろを歩いていた選手は疲労で朦朧としていたそうだが、ふと目を上げた瞬間、

ブームの影で、トレイルランニング中の事故も増えつつある

2007年10月20日

前にいた選手が右カーブを曲がろうとせずに急な崖を声も上げずに落ちていくのを目撃したという。また、転落者の前を歩いていた選手は、その瞬間、崖を落ちていく影を見たと同時に、木の枝がぼきっと折れるような音を聞いたそうだ。

事故発生の一報はほかの選手の携帯電話を通して大会本部に届けられ、警察と消防による救助隊がただちに組織された。御前山と月夜見山に配備されていた役員も現場へ急行し、後続の選手たちの誘導を開始した。やがて現場に到着した警察と消防の救助隊によって夜間の救助活動が行なわれ、午前2時40分、転落地点から180m下の緩斜面で心肺停止状態の転落者を発見。大会スタッフのドクターが救命処置を施したのち、午前6時前に消防ヘリで青梅市内の病院に搬送したが、全身を強く打っており、死亡が確認された。

検証によると、男性は事故現場からよろけるようにして転落、急なルンゼ（岩溝）を約130m転がり落ちて岩にぶつかり、さらに40mほど落ちていって緩斜面のところでようやく停止したものと見られている。

事故の要因については、夜間でコースが見えにくかったこと、疲労や眠気で注意力が散漫になっていたことなどが考えられる。レースを主催する東京都山岳連盟が事故を検証した報告書には、「この事故は数々の偶然が重なったように考えます」とあり、以下の条件が揃った状態だったと指摘している。

①落ちた場所が悪かった（急なルンゼで、落ち始めが急で加速していった）。
②疲労により意識が朦朧としていた。
③下り坂であった。
④登山道が細く、右に緩くカーブしていた。
⑤カーブの手前は広くなだらかな斜面で、そのような斜面が続く錯覚を起こさせた。

舗装されていない自然のなかの登山道や林道を走るトレイルランニングは、山をフィールドとするスポーツの一ジャンルとして、いまやすっかり定着した感があり、競技人口は右肩上がりで伸び続けているという。しかしその一方では、練習中や競技中の事故も散見されるようになっている。

単純に考えてみても、ただでさえ転滑落や転倒などの危険がある登山道を、軽装で走り抜けていくのだから、一般的な登山以上にリスキーなスポーツであることは間違いない。山の環境の特殊性や危険回避のためのノウハウを、トレイルランナーにどう啓蒙していくか、それが今後の課題だろう。

CASE-7 ツアー登山中の大量遭難

トムラウシ山山頂付近から北沼を望む。沼の右端が事故現場となった渡渉点。

大雪山系・トムラウシ山

7月14日、ツアー客15人（50〜60代、男性5人、女性10人）とガイド3人から成るツアー登山のグループ18人が、北海道・大雪山系のメインルートを北から南へと縦走する計画で、旭岳温泉より入山した。

天気に恵まれた初日は旭岳〜間宮岳〜北海岳〜白雲岳を経て白雲岳避難小屋に宿泊。翌日は天気が崩れ、雨のなかを忠別岳〜五色岳〜化雲岳と縦走してヒサゴ沼避難小屋へ。最終日の16日は、トムラウシ山を経てトムラウシ温泉へ下山する予定となっていた。

ところが、低気圧の通過に伴って15日の夜半ごろから強い風雨となり、16日の早朝になっても風雨はまだ収まっていなかった。このため、ガイドはトムラウシ山には登頂せず迂回ルートに回ることを決め、午前5時の出発予定を30分遅らせて5時半に行動を開始した。

だが、ヒサゴ沼避難小屋から雪渓を登って主稜線に出ると、強い西風をまともに受けるようになり、風はその後ますます強くなっていった。日本庭園に差し掛かったあたりでは立っていられないほどの風が吹き、ツア一客のなかには風に吹き飛ばされてハイマツの上に投げ出されたり、しゃがんで木道の端をつかみながら通過したりする者もいたほどだった。続くロックガーデンの登りになるとツアー客の足並みが乱れはじめ、列の前とうしろでかなりの間隔が開いてしまった。

ようやく北沼の畔まで来ると、降雨によって沼から水が東斜面のほうへ溢れ出しており、川幅2mほどの流れになっていた。この流れを18人全員が渡るのにさらに時間がかかり、おまけに渡渉をサポートしていたガイドひとりがバランスを崩して流れの中に転倒し、全身がずぶ濡れになってしまった。さらに流れを渡り終わった直後、参加者のひとりが低体温症に陥り、行動不能になってしまうというアクシデントが発生した。

3人のガイドがその介抱に当たっている間、ほかのツアー客への指示はなにもなく、吹きさらしの登山道で長時間ずっと待たされ続けた。およそ1~2時間後、ようやくガイド1人が行動不能者に付き添ってその場でビバークし、2人のガイドがほかの参加者とともに行動を再開することに決まったが、いざ出発しようとしたときに、新たに3人の参加者が低体温症で動けなくなってしまう。そこでこの3人にはもうひとりのガイドとサポート役の参加者1人が付き添い、残りのガイド1人が10人の参加者を率いて下山させることになった。

しかし、再スタートして間もなく、参加者1人が力尽きて歩けなくなり、その後も疲労と寒さで行動不能に陥る者が次々と現れ、パーティは徐々にちりぢりばらばらになっていく。先頭に立っていたガイド（北沼で全身を濡らしてしまったガイド）も、前トム平の下部でとうとう力尽きて倒れてしまった。

最終的に自力下山できたのは5人の参加者のみ。救助活動は翌17日の早朝から開始され、山中に取り残されていた13人全員がヘリコプターで救助されたが、ガイドひとりを含む8人が低体温症により還らぬ人となった。

ちなみにこの事故の7年前の2002年7月13日、同じトムラウシ山で、台風による悪天候のため2パーティが遭難、登山者2人がやはり低体温症によって命を落としている。

国内の山岳史に残る大量遭難となってしまったこの事故は、マスコミでも大きく報道され、以前からいろいろ問題点が指摘されていたツアー登山のあり方や山岳ガイドの資質について、山岳関係機関が本腰を入れて見直す契機となった。

CASE-8 火山噴火で多数の死傷者

9月27日午前11時52分40秒、八丁ダルミで撮影された巨大な噴煙。

木曽(きそ)・御嶽山(おんたけさん)

2014年9月27日の午前11時52分、長野・岐阜県境に位置する御嶽山が7年ぶりに噴火し、山頂周辺にいた登山者らに多くの死傷者が出る大惨事となった。噴火直後の現場周辺の生々しい様子を、各マスコミは以下のように報道した。

「突然『パーン、パーン』と鉄砲を撃ったような乾いた音が響き渡った。山頂からもくもくと灰色の煙が上に向かって伸びていった。このときは、みんな写真を撮るなどのんびりしたものだったが、急に煙が向きを変え、自分たちのいる方向に雪崩のように迫ってきた。灰が降りかかるのと同時に、自分の手も見えないくらい真っ暗になり、500円玉ぐらいの大きさにくっついた噴石のかたまりが打ち付けるように降り始めた」(38歳男性　産経ニュース)

「バーンと音がし、火山灰と石が落ちてきて周囲は暗闇になった。目の前で人がどんどん(火山灰で)埋まった。頂上にいた数十人は神社の狭い軒下へ。入れない登山客はあっという間に灰に埋もれた。軒下に入れるかどうかが分かれ目だった。仲

2014年9月27日

間と1時間ほど待ち、近くの小屋に避難してほかの登山者と下山した」（58歳女性　信濃毎日新聞）

「妹や友人と3人で剣ヶ峰に登頂し、山頂にある社務所のそばで昼食を取ろうとリュックを下ろした瞬間、爆音とともに煙が上がった。噴煙であたりは真っ暗になり、噴石が次々と襲い掛かった。とっさに頭の上に乗せたリュックにも大きな石が当たり、中の魔法瓶がぺしゃんこにつぶれた。気付くと膝の下まで火山灰が積もり、体の上に倒れ込んだ登山者2人の重みで身動きが取れなかった。妹らの手を借りて脱出したが、倒れていた2人はすでに亡くなっているようだった。ほかに頭に大けがをして出血している人もいたが、どうすることもできなかった」（69歳女性　時事通信）

現地では噴火直後から警察や消防、自衛隊の救助隊が出動して救助活動が展開されたが、噴火活動や火山灰、台風の接近、悪天候などによって難航。10月16日、「山頂付近での降雪などにより二次災害の危険が高まった」として捜索は打ち切られた。

この噴火による死者は58人、行方不明者5人、重軽傷者は59人を数え、1991年の雲仙・普賢岳の噴火（死者・行方不明者43人）を上回る戦後最悪の火山災害となった。死者の発見場所は、今回の噴火口の東側にあたる剣ヶ峰〜王滝頂上の間に集中しており、その死因のほとんどが、噴石の直撃などによる外傷性ショックであった。

今回の噴火は、マグマで熱せられた地下水が沸騰して爆発する水蒸気噴火だった。水蒸気噴火はマグマ噴火と違って山体の変形や火山性微動が見られないことも多く、予知が難しいとされている。

御嶽山では1979年にも同程度の規模の噴火が起きているが、このときは秋も深まった10月28日早朝の噴火だったので、犠牲者はゼロだった。今回は紅葉シーズンが始まった好天の週末で登山者が多かったこと、噴火時刻がちょうど昼時だったことが災いし、これほどまでに大きな被害が出ることになってしまった。

現在、日本国内には110の活火山（おおむね過去1万年以内に噴火した火山および現在活発な噴気活動のある火山）があり、過去には大雪山や秋田焼山、鳥海山、安達太良山、新潟焼山、浅間山、弥陀ヶ原、草津白根山、阿蘇山、霧島山などでも、火山噴火（あるいは火山ガス）によって多くの登山者が犠牲になっている。

なぜ遭難事故は減らないのか

中高年の登山ブームにより事故が急増

１９５６年、日本山岳会隊がマナスルに初登頂したのを機に、国内では若い世代を中心にした爆発的な登山ブームが巻き起こりました。これに伴い遭難事故も急増し、50年代後半～60年代には日本の登山史に残る大きな遭難事故がいくつも起きています。

このブームはしばらく続きましたが、高度成長期の終わりとともに若者が山から離れていき、社会人山岳会や学校山岳部も徐々に衰退していくことになります。

その若者に代わって山に向かいはじめたのが中高年層でした。「きつい」「汚い」「危険」という3Kのマイナスイメージが敬遠されて若者の登山離れが進む一方で、健康志向や百名山ブームなどが追い風となり、時間と金に余裕のある中高年層が登山に飛びついて一大ブームが巻き起こったのです。

ところが、そこに大きな落とし穴がありました。本来、登山というのは体に大きな負担がかかるスポーツ、レジャーであり、また山自体にもさまざまな危険が潜んでいます。そうしたリスクを回避するための知識や技術を教育する役割を担っていたのが、社会人山岳会や学校山岳部だったのですが、それらが衰退してしまったため、中高年登山者は登山のノウハウを身につけないまま山に入り込んできてしまいました。

また、メディアや関係機関・団体、メーカー、登山用具ショップなどから成る登山業界も、リスク等のネガティブな情報はほとんど発信せず、「楽しい」「健康的」「美しい自然」「癒し」「リフレッシュ」といったイメージばかりを流し続けました。ほどなくして中高年登山者の遭難事故が急増していくのも、ある意味、当然の成り行きでした。

また、２００７年ごろからは、若いときに山に登っていた団塊の世代が定年を迎え、老後の楽しみとして山登りを

都市近郊の低山は、毎週末、大勢の中高年登山者で賑わっている。

再開しはじめました。しかし、加齢による体力の衰えを自覚できず、若いときと同じ感覚で山に登ろうとしていることも、事故増加の一因になっています。つまり、現在の自分の体力を過大評価してしまい、その結果、体力・技術レベルに見合わない計画を立てて山に行き、そこで無理が生じて遭難してしまうというわけです。

もうひとつ、看過できないのが携帯電話の普及です。まだ携帯電話がなかった時代、アマチュア無線機を携行する登山者は少なかったので、山で遭難して救助を要請するには、仲間が下山するか最寄の山小屋に駆け込むかして連絡するしかありませんでした。また、戦後の登山ブームのときには、「山は自分の足で登って下りてくるものであり、救助を要請するのは恥」という風潮もありました。つまり事故が起きても自分たちで対処するのが当たり前だったため、事故扱いにはならなかったのです。

しかし、携帯電話の普及により、山でも使える手軽な連絡手段を誰もが持てるようになりました。そのおかげで迅速な救助が可能になり、救命率も上がりましたが、一方で「登山は自己責任」という認識が薄れ、ちょっとしたケガや病気でも救助を要請するようになってしまいました。今日の遭難事故の増加には、そんな一面も反映されているのです。

山に潜んでいる危険を知る

中高年層の登山熱は、もはやブームを超え、その人気はすっかり定着しています。これに加え、2009年ごろからは山ガールに代表される若者たちが再び山にやってくるようになりました。大勢の老若男女が登山を楽しむ様子は、テレビや新聞、雑誌などでも積極的に取り上げられています。そこで紹介される国内外の山々は雄大で美しく、登山者も華やかで楽しげです。

しかし、メディアを通して私たちの目に触れるのは、山の一面にしか過ぎません。山の自然は優しく美しいばかりではなく、そこには数々の危険が潜んでいて、ときに容赦なく登山者に襲いかかってきます。そうなると楽しいはずの登山は一変し、場合によっては生命を脅かすほど過酷で危険なものとなります。

たとえば、険しい山道を歩いているときに転べば、そのまま斜面を転げ落ちていって大ケガを負ってしまいます。晴れていれば快適に歩けるコースであっても、いったん天候が崩れれば低体温症の危険にさらされることになります。もしケガや病気で動けなくなったとしても、すぐに救急車が駆けつけてきてくれるわけではなく、気象や地形などの条件次第では助け出されるまでに何日もかかってしまうこともあります。

山は、一瞬の不注意やちょっとした判断ミスが命取りになってしまうところです。そうした場所へ行く以上、まず「山は危険と隣り合わせの場所である」ということを認識し、そこにどんなリスクが潜んでいるのかを知ることが重要になってきます。その認識を持たずに山の楽しさだけを追い求めようとするのは、ただの無謀な行為でしかありません。

山に行ったときも、ただ漠然と歩いているのではなく、「今、ここにはどんな危険が潜んでいるのか」「その危険に対してどう対処すべきなのか」を想像しながら行動することが大事です。その意識を持つことが、山に潜んでいるリスクを回避することにつながっていくのです。

ときには雨のなかを歩かなければならないことも。

ガスに包まれた夏の雪渓では、道迷いや落石の危険が高くなる。

遭難事故は対岸の火事ではない

クライミングインストラクターの菊地敏之氏は、その著書のなかでこう述べています。

〈結局のところ「危険」が最も危険なのは、その危険を察知できないことにある。問題なのは、なにが危険なのかわからない、危険をシミュレーションできない、危険なことを危険なことだと考えられない、ということなのだ〉（『最新クライミング技術』東京新聞出版局）

もし「自分は大丈夫」だと思っている人がいたとしたら、逆にその人は最も危険な遭難者予備軍のひとりだといっても過言ではありません。

たしかに山にはさまざまな危険が潜んでいますが、そのほとんどは適切に対処することで回避できます。とはいえ、人間である以上、ヒューマンエラーを100%防ぐことはできません。遭難事故のほとんどは人為的なミスによるものであり、だからいつ自分が遭難事故の当事者になっても全然不思議ではないのです。

しかし、遭難事故を自分にも起こりうる切実な問題として捉えることはなかなか難しく、多くの登山者は「遭難事故はあくまで対岸の火事。自分が遭難することなんてありえない」と思い込んでいるようです。その意識こそが、遭難事故増加に歯止めをかけられない、いちばんの原因といえるでしょう。

山ではいつ自分が遭難事故の当事者になってもおかしくはない。

2 初心者が陥りやすい落とし穴

第2章

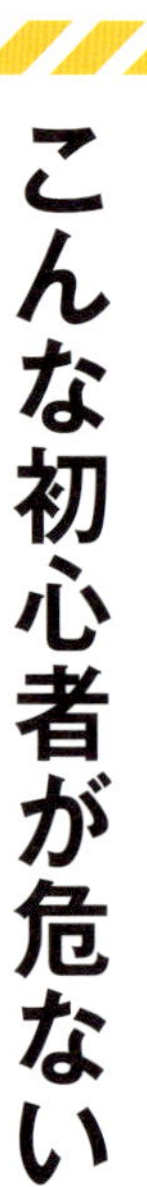

こんな初心者が危ない

テレビや山岳雑誌などで取り上げられる山は四季折々に美しく、青空の下、お洒落なウェアに身を包んだ登山者はみなはつらつとしていて楽しそうです。そうした自然の美しさや雄大さ、そのなかに身を置くことで得られる癒し、山頂に立ったときの達成感や充実感などを求め、登山を始める人があとを絶ちません。

しかし、それらはあくまで登山の一部でしかありません。毎年、ゴールデンウィークや夏山シーズン、年末年始になると、連日のように山の遭難事故がテレビや新聞などで報道されています。それもまた、間違いなく登山の持つ一面なのです。

残念なことに、登山を始めたばかりの人は、山の素晴らしさばかりにとらわれてしまい、ネガティブな情報には目を向けようとはしません。彼らはこう言います。「遭難するような危ない山には行きません」「体力はあるほうだから大丈夫」「しっかりしたリーダーがついているから安心です」……。

そう思ってしまった時点でもうアウトです。東京近郊の奥多摩や奥武蔵、丹沢などの低山では、毎年何件もの死亡事故が発生しており、いまだに発見されていない行方不明者もたくさんいます。ミシュランの三ツ星に認定されて、いまや観光地と化している高尾山でさえ、事故が起きているのです。

前章でも触れたように、100%安全な山はありえません。季節や標高を問わず、根本的に山は危険な場所であると認識すべきです。登山を始めたばかりの人は、まずそのことを頭に叩き込んでください。

また、初心者である以上、知識や技術、経験が不足しているのは当然のことです。大事なのは、現時点での自分の力量がどれぐらいなのかを客観的に把握して、それに見合った山・コースを選んで登るということです。山には憧れだけでは登れません。力量以上の山に登ろうとすると、必ず手痛いしっぺ返しを食ってしまいます。

難易度の低い山から登りはじめ、技術や知識を学びながら徐々にステップアップしていく——それが登山の大原則だと心得ましょう。

CASE-1　無知が招いた遭難事故

両側が切れ落ちた剣ヶ峰付近の稜線を行く。

鳥取・大山（だいせん）

険しい尾根道に足がすくんで立ち往生

ゴールデンウィーク期間中の5月5日、30～40代の男性4人パーティが鳥取県の大山に入山したが、山頂付近で身動きがとれなくなり、午後5時前に110番通報して救助を要請した。現場は大山の最高峰の剣ヶ峰に近い、通称「ラクダの背」と呼ばれているあたりで、転滑落の危険性が高い痩せた岩尾根となっているため、通行禁止の措置が取られていた。当初、4人は頂上まで行くつもりはなく、興味本位で登りはじめて頂上付近まで来たが、あまりの険しさに「足がすくんで動けなくなってしまった」という。

この日は悪天候と日没のため、4人は現場でビバーク。翌朝、防災ヘリによって無事救助された。4人とも食料や水、防寒具などはほとんど持っておらず、「山をなめて、軽い気持ちで登山した。反省している」とコメントした。

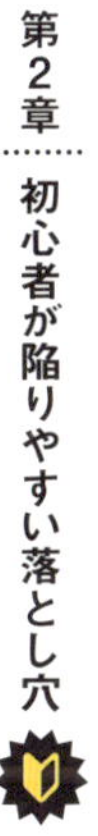

山にはさまざまなリスクが潜んでいる

これはあくまで一例ですが、下のイラストに示したとおり、山には数々のリスクが潜んでいます。そのリスクは、標高の高低やコースの難易度、季節、天候を問わず、どんな山にも存在します。

つまり、山に登るということは、これらのリスクと常に隣り合わせにあることを意味するわけで、ひとつ間違えるとたちまちアクシデントに巻き込まれることになってしまいます。

そんな数あるリスクを回避するためには、山に行ったときにただ漠然と歩いているのではなく、「今、ここにはどんなリスクが潜んでいるのか」を想像しながら行動することが重要になってきます。リスクを知らないことには、リスクマネジメントも成立しません。

山にはたくさんのリスクが存在する――まずそれを認識することが、遭難事故防止の第一歩なのです。

山にはいたるところにリスクが潜んでいる。計画を立てるときも実際に行動するときも、「この場所にはどんなリスクが潜んでいるのか」を考えることが事故回避につながる。

山に存在する3つのリスク要因

地形的要因	樹林帯、尾根、沢筋、ピーク、ガレ場、岩場、岩稜、雪渓など
気象的要因	雨、雪、風、ガス、低温、高温など
人的要因	過信、油断、不注意、技術・体力・知識不足、疾病・持病など

＊実際の事故は「地形的要因」「気象的要因」「人的要因」の３つが複合的に絡み合って引き起こされるが、人的要因がなければまず事故は起こりえない。

教訓 2

事故は主に人的要因によって引き起こされる

山で起きている遭難事故の要因としては、主に「地形的要因」「気象的要因」「人的要因」の3つが考えられます。これらが複合的に組み合わさって事故は引き起こされますが、そのなかでも鍵となるのが人的要因であり、地形的リスクや気象的リスクがいくら高まっていても、そこに人的要因が加わらなければ事故は起こりえません。

たとえば、雨で濡れている岩場を通過中に、足を滑らせて滑落してしまうのは、ルートが滑りやすいだけでなく、人のほうに「不注意」という要因もあったからだと考えられます。山で道に迷うのも、「わかりにくい地形」や「視界の悪さ」などの地形的・気象的要因に加え、「油断」「過信」などの人的要因が介在しているからです。

今、全国で起きているたくさんの遭難事故のなかでも、自然発生的に起きているものはほとんどありません。その大半は、人為的ミスによって引き起こされているのです。

事前に危険箇所をチェックする

登山中のリスクを回避するには、計画段階で危険箇所をチェックすることが重要です。登山計画書を作成するときに、ガイドブックや登山地図などを参考にして登山をシミュレーションしますが、その際に危険箇所を頭に入れておけば、現地を訪れたときに注意力が喚起されるようになります。

また、北アルプスの場合、三県（長野・富山・岐阜）の合同山岳遭難防止対策連絡会議が、過去に事故が起きた地点を地図に盛り込んだ「北アルプス登山マップ」を作成・公開しており、インターネットでダウンロード可能となっています。そのほか、主要山岳地を抱える各都道府県警などのホームページでも、同様の遭難発生地点マップや過去に起きた事故の概要等を公開しています。実際に事故が起きている箇所を意識付けすることは、事故の回避に大きく役立つので、積極的に活用するといいでしょう。

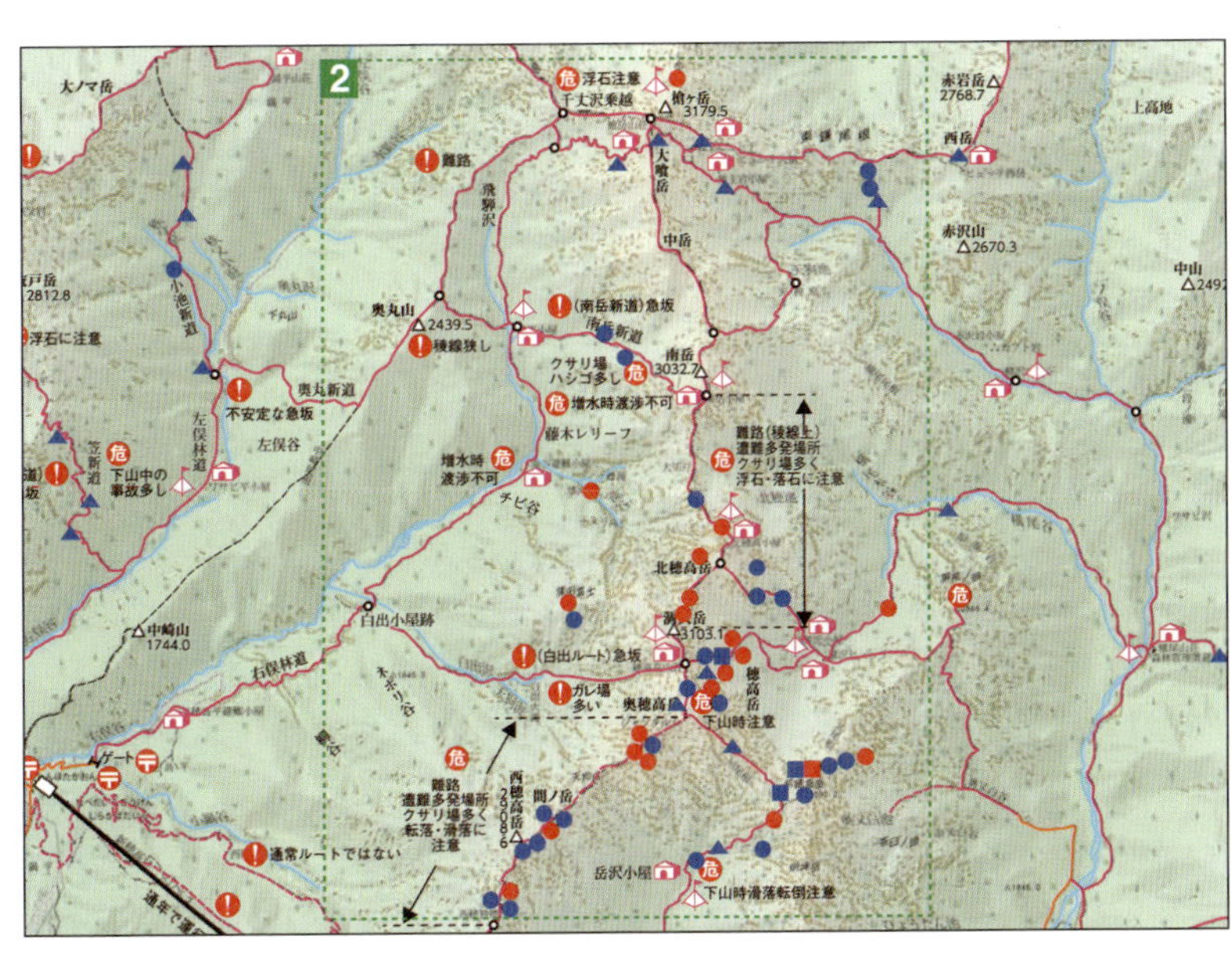

北アルプス三県合同山岳遭難防止対策連絡会議が作成・公開している「北アルプス登山マップ」。過去の遭難発生地点が一目瞭然だ。

教訓 4

登山計画書と登山届

登山計画書は、目的とする山にいつ誰とどのような行程で登ろうとするのかを書き記した書類です。想定されるトラブルを未然に防ぎ、計画をスムーズに遂行させるためになくてはならないものなので、必ず作成しましょう。

計画書の内容は、パーティの仲間と共有するのは当然ですが、コピーして一通は家族に渡し、もう一通を登山届として地元の管轄警察署に提出します。これは、なにかアクシデントが起きたときに、迅速に対応してもらえるようにするためです。逆に登山届が未提出だと捜索の初動が遅れ、場合によっては助かるものも助からなくなってしまいます。

近年は条例による登山届の提出義務化が進んでいますが、条例の有無にかかわらず、必ず登山届は提出するようにしてください。従来どおり登山口で登山届ポストに入れてもかまいませんが、今はインターネットやメールで登山届を送信できる警察署も増えています。

日本山岳ガイド協会の「コンパス」(http://www.mt-compass.com)は、計画書の作成から登山届の提出までの一連の作業をインターネット上でできるシステム。登山届を家族や友人、警察と共有することになるので、事故発生の際には迅速に対応できる。

登山計画書

■山域・山名：

■山行期間：　　■下山予定日：

■所属団体・組織：

■緊急連絡先：

■メンバー

役割	氏名	年齢	性別	血液	住所	携帯電話	緊急連絡先

■行動計画

月日	行程

■その他（主な装備、エスケープルート、加入山岳保険など）

登山計画書の様式例。警察署のホームページからダウンロードできるものもある。

CASE-2 体力不足で疲労困憊

自分の体力を過大評価すると途中でバテてしまう。

飯豊連峰(いいでれんぽう)・北股岳(きたまただけ)

中高年の2組の夫婦が疲労のため行動不能に

7月28日の早朝、山麓の飯豊山荘から飯豊山を目指した夫婦2組の4人パーティ(50～70歳代)が、石転(いしころ)ビ沢付近で疲労のため行動不能となり、午後5時35分ごろ、携帯電話で110番通報して救助を求めた。4人のなかの1人は、この日宿泊する予定だった梅花皮(かいらぎ)小屋へ助けを求めに向かったが、午後10時になっても小屋に到着せず、現場付近で避難待機していた3人とも連絡がつかなくなり、安否が気遣われていた。

地元の山岳遭難救助隊員らは、翌29日の早朝より捜索を開始し、しばらくして4人を発見、ヘリコプターで救助した。4人はみな疲労困憊していたが、命に別状はなかった。ちなみに飯豊山荘から梅花皮小屋までの標準コースタイムは約6時間半。4人はその倍近い時間をかけても小屋にたどりつかなかったことになる。

自分の体力や技術に合った山を選ぶ

登山の計画を立てるときには、自分の力量に見合った山を選ぶことが大前提となります。とくに近年は、自分の体力や技術を過信して、あるいは背伸びをして力量以上の山に登ろうとして遭難するケースが非常に多くなっています。山は、「やっぱりちょっと無理だった」というだけではすみません。自分の力量や山のレベルを見誤ることが、大ケガや死に直結してしまうことも珍しくないのです。

力量に見合った山というのは、まず体力的に言えば、自分の体力を10とすると、その6~7割程度で登れる山のことを指します。山では思わぬアクシデントに見舞われることも珍しくありません。ある程度の余力を残しておくのは、万一のアクシデントに備えるためです。

また、山によってはただ歩くだけではなく、テクニカルな能力が要求されることもあります。例えば鎖場やハシゴが連続する険しい稜線では、基本的な岩登りの技術が必要となってきますし、本格的な雪山に登るにはピッケル・アイゼンワークが必須です。つまり、その山の難易度に応じた技術を身につけていることも力量のうちとなります。

さて、ここで問題になるのが、自分の力量や山の難易度を正当に評価するのはなかなか難しく、前者については過大評価しがちに、後者については過小評価しがちになるということです。若いころにやっていた登山を、中高年になって再開した人たちには、とくにこの傾向が強く見られます。歳を重ねたぶん、体力は間違いなく落ちているはずなのに、そのことを自覚せず、若いころと変わっていないつもりで山に行き、遭難してしまうというわけです。

そこで役立てていただきたいのが、鹿屋体育大学の山本正嘉教授が開発した「マイペース登高能力テスト」（P46参照）です。これは、自分にどの程度の体力があるのかを知るためのものです。また、長野・新潟・山梨・静岡では、各県内の主要登山ルートを、登るのに必要な体力度とコースの難易度で評価した「山のグレーティング」（P47参照）を発表しています。いずれも自分の力量に合った山選びに役立つものなので、ぜひとも活用してみてください。

登山中のエネルギー消費量を求める公式

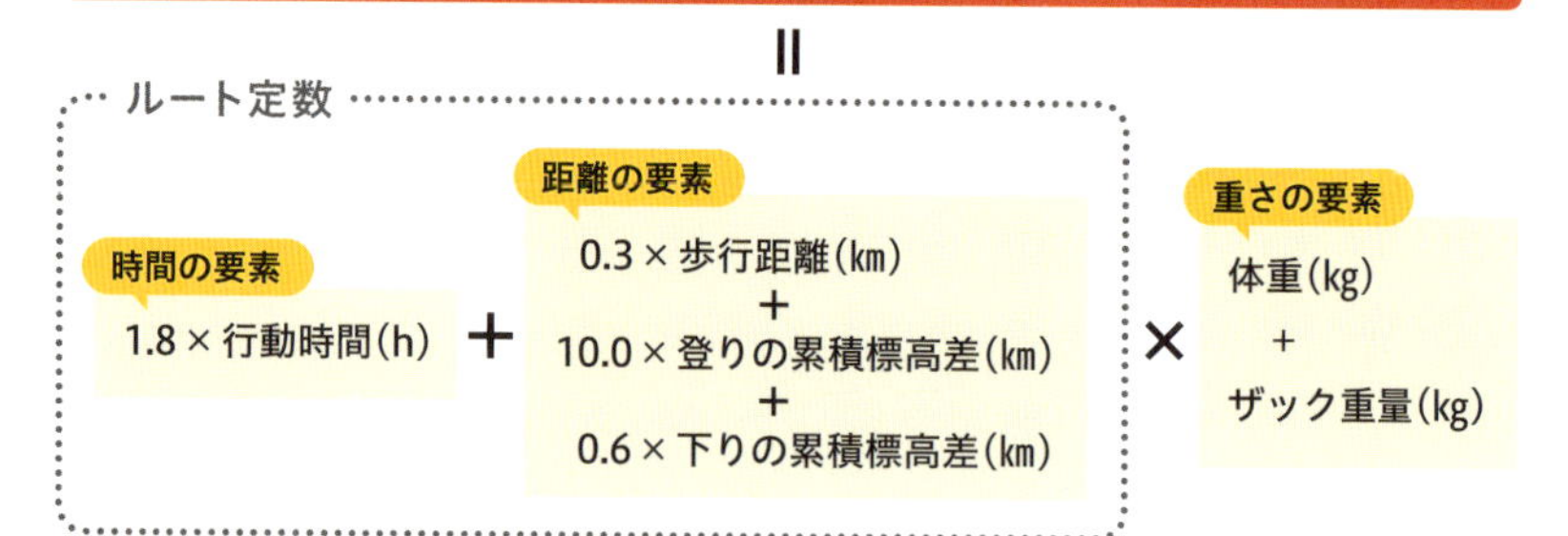

エネルギー消費量が多ければ多いほど、当然、体力的負担は大きい。長野県の主な山とコースについては、ウェブサイト上の「信州　山のグレーディング一覧表」http://www.pref.nagano.lg.jp/kankoki/sangyo/kanko/documents/yamanogure-dexinguhyou-20160920.pdf でルート定数が算出されているので、利用するといい。なお、エネルギー消費量の単位kcalをmlに置き換えれば、登山中の水分消費量となる（エネルギー消費量と水分消費量は同じ公式で求められる）。

教訓2 目的とするコースの体力度と技術度を知る

登山コースのレベルは、一般的に体力度と技術度で表されます。体力度の指針となるのは、歩行時間や歩行距離、標高差などですが、これらの数値をもとに、鹿屋体育大学の山本正嘉教授は、登山コースごとの消費カロリーを算出する公式を考案しました。それが上に示したものです。

まず、時間の要素（行動時間）に距離の要素（歩行距離、登りの累積標高差、下りの累積標高差）を足して「ルート定数」を導き出します。ルート定数は体力的なキツさを数値化したもので、この数字だけでも体力度の目安になりますが、これに重さの要素（体重と荷物の合計）を掛け合わせると、エネルギー消費量が求められます。

技術度に関しては、「信州　山のグレーディング」で定義されている「技術的難易度」が参考になります。左ページの表と照合しながらガイドブック等を読めば、目的とするコースのおおよその技術度がわかるはずです。

「信州 山のグレーディング」の「技術的難易度」の基準

	登山道	技術・能力
A ★	□ 概ね整備済 □ 転んだ場合でも転落・滑落の可能性は低い □ 道迷いの心配は少ない	□ 登山の装備が必要
B ★★	□ 沢・崖・場所により雪渓などを通過 □ 急な登下降がある □ 道が分かりにくい所がある □ 転んだ場合の転落・滑落事故につながる場所がある	□ 登山経験が必要 □ 地図読み能力があることが望ましい
C ★★★	□ ハシゴ・くさり場、また、場所により雪渓や渡渉箇所がある □ ミスをすると転落・滑落などの事故になる場所がある □ 案内標識が不十分な箇所も含まれる	□ 地図読み能力、ハシゴ・くさり場などを通過できる身体能力が必要
D ★★★★	□ 厳しい岩稜や不安定なガレ場、ハシゴ・くさり場、藪漕ぎを必要とする箇所、場所により雪渓や渡渉箇所がある □ 手を使う急な登下降がある □ ハシゴ・くさり場や案内標識などの人工的な補助は限定的で、転落・滑落の危険箇所が多い	□ 地図読み能力、岩場・雪渓を安定して通過できるバランス能力や技術が必要 □ ルートファインディングの技術が必要
E ★★★★★	□ 緊張を強いられる厳しい岩稜の登下降が続き、転落・滑落の危険箇所が連続する □ 深い藪漕ぎを必要とする箇所が連続する場合がある	□ 地図読み能力、岩場・雪渓を安定して通過できるバランス能力や技術が必要 □ ルートファインディグの技術、高度な判断力が必要 □ 登山者によってはロープを使わないと危険な場所もある

元図作成：長野県山岳総合センター
監修：長野県山岳遭難防止対策協会

体力を客観的に自己評価する

自分の力量に合った山・コースを選ぶには、自分の体力を正確に把握する必要があります。そのためには、やはり山本正嘉教授が考案した「マイペース登高能力テスト」が役に立ちます。これは、体重の10％の重さのザックを背負い、なるべく単調な登りが500m以上続く登山道をマイペース（きつさを感じる手前のスピード）で登り、1時間あたりどれぐらいの標高差を登れたかを調べるテストです。

テストの結果は、ある動作や運動が安静時の何倍のエネルギーを使うかを意味する「メッツ」という単位で表されます。これによると、低山ハイキングでも6メッツの体力が、無雪期の一般コースを標準的なコースタイムで歩くのであれば7メッツの体力が（「信州　山のグレーディング」でいえば、技術的難易度A～B）、厳しいコースや長期山行なら8メッツ（技術的難易度C～E）の体力が必要ということになります。

スポーツや日常動作の運動強度は？

	運動の強さ	歩く／走る速さ	スポーツ、生活活動の種類
	1メッツ台		寝る、座る、立つ、食事、入浴、デスクワーク、車に乗る
	2メッツ台	ゆっくり歩く	立ち仕事、ストレッチング、ヨガ、キャッチボール
	3メッツ台	ふつうに歩く～やや速く歩く	階段を下りる、掃除、軽い筋力トレーニング、ボウリング、バレーボール、室内で行なう軽い体操
	4メッツ台	速歩き	水中運動、バドミントン、ゴルフ、バレエ、庭仕事
	5メッツ台	かなり速く歩く	野球、ソフトボール、子供と遊ぶ
ハイキング▶	6メッツ台	ジョギングと歩行の組み合わせ	バスケットボール、水泳（ゆっくり）、エアロビクス
無雪期の一般登山▶	7メッツ台	ジョギング	サッカー、テニス、スケート、スキー
岩山登山、雪山登山▶	8メッツ台	ランニング（分速130m）	サイクリング（時速20km）、水泳（中ぐらいの速さ）、階段を上がる
	9メッツ台		荷物を上の階に運ぶ
	10メッツ台	ランニング（分速160m）	柔道、空手、ラグビー
ロッククライミング▶	11メッツ台		速く泳ぐ、階段を駆け上がる

山での登高能力テストの評価指針

メッツ	山での登高速度		
4	190m/時	8	510m/時
5	270m/時	9	590m/時
6	350m/時	10	670m/時
7	430m/時	11	750m/時
		12	830m/時

信州 山のグレーディング

無雪期・天気良好時の「登山ルート別 難易度評価」

元図作成：長野県山岳総合センター
監修：長野県山岳遭難防止対策協会

体力度
数字が大きくなるほど体力が必要

目安	体力度	A	B	C	D	E
2〜3泊以上が適当	10			▲縦 裏銀座 （高瀬ダム・上高地）		
	9			▲縦 表銀座 （中房温泉・上高地）	▲縦 塩見岳→北岳 （鳥倉・広河原）	▲周 大キレット（上高地） 〈北穂→槍〉
	8			▲縦 将棋頭→空木 （桂小場・駒ヶ根高原） ▲縦 白馬→朝日 （猿倉・蓮華温泉） ▲槍ヶ岳（上高地）		
1〜2泊以上が適当	7		▲木曽駒ヶ岳 （伊那スキーリゾート） ▲真砂岳（高瀬ダム）〈湯俣〉 ▲縦 燕→常念 （中房温泉・一ノ沢）	▲奥穂高岳（上高地） 〈涸沢〉 ▲木曽駒ヶ岳（木曽駒荘） 〈上松B〉	▲周 空木→越百 （今朝沢橋） ▲縦 八峰キレット （アルプス平駅・大谷原） ▲塩見岳（鳥倉） ▲北穂高岳（上高地）〈涸沢〉	▲周 穂高縦走（上高地） 〈北穂→前穂〉
	6		▲鹿島槍ヶ岳（扇沢） ▲船窪岳（七倉） ▲光岳（易老渡）	▲縦 鹿島・爺（大谷原・扇沢） ▲縦 蝶ヶ岳・常念（上高地・一ノ沢）〈長塀尾根〉 ▲聖岳（聖光小屋） ▲鹿島槍ヶ岳（大谷原） ▲鑓ヶ岳（猿倉）〈鑓温泉〉 ▲縦 木曽駒→空木 （千畳敷・駒ヶ根高原） ▲空木岳（駒ヶ根高原）	▲縦 不帰キレット （猿倉・八方池山荘） ▲南駒ケ岳（今朝沢橋）	
1泊以上が適当	5		▲北葛岳（七倉） ▲木曽駒ヶ岳（桂小場） ▲常念岳（三股） ▲白馬岳（栂池） ▲硫黄岳（麦草峠）	▲木曽駒ヶ岳 （アルプス山荘）〈上松A〉 ▲縦 蝶ヶ岳・常念 （三股・一ノ沢） ▲横岳（稲子湯） ▲縦 唐松・五竜 （八方池山荘・アルプス平駅） ▲餓鬼岳（白沢登山口） ▲五竜岳（アルプス平駅）	▲西穂高岳（上高地） ▲縦 権現→赤岳 （観音平・美濃戸）	
	4	▲経ヶ岳（仲仙寺）	▲前掛山 （浅間登山口） ▲蓮華岳（扇沢） ▲常念岳（一ノ沢） ▲針ノ木岳（扇沢） ▲爺ヶ岳（扇沢） ▲硫黄岳（本沢温泉） ▲前掛山（車坂峠） ▲小蓮華岳（栂池） ▲燕岳（中房温泉） ▲蝶ヶ岳（三股）	▲白馬岳（猿倉） ▲周 赤岳・横岳・硫黄 （美濃戸） ▲烏帽子岳（高瀬ダム） 〈ブナ立尾根〉 ▲天狗岳（本沢温泉） ▲赤岳（杣添登山口） ▲阿弥陀岳（舟山十字路） ▲赤岳（美濃戸） 〈北沢・地蔵尾根〉 ▲権現岳（観音平）	▲前穂高岳（上高地） 〈重太郎新道〉 ▲高妻山 （戸隠キャンプ場） ▲周 高妻山 （戸隠キャンプ場） ▲赤岳（県界登山口）	
日帰りが可能	3		▲硫黄岳（美濃戸）〈北沢〉 ▲四阿山（峰の原） ▲四阿山（菅平牧場） ▲四阿山（鳥居峠） ▲恵那山（峰越林道ゲート） 〈広河原登山口〉 ▲唐松岳（八方池山荘） ▲天狗岳（渋ノ湯） ▲風吹岳（風吹登山口） ▲天狗岳（唐沢鉱泉） 〈西尾根〉 ▲白馬大池（栂池） ▲御嶽山（田の原） ▲硫黄岳（桜平） ▲御嶽山（飯森高原駅）	▲金山（金山登山口） ▲赤岳（美濃戸） 〈南沢・文三郎〉 ▲仙丈ヶ岳（北沢峠） ▲阿弥陀岳（美濃戸） 〈南沢〉 ▲甲斐駒ヶ岳（北沢峠） ▲雨飾山（大網登山口） ▲雨飾山（小谷温泉） ▲有明山（中房）	▲縦 戸隠山（奥社駐車場・戸隠キャンプ場） ▲戸隠山（奥社駐車場）	
	2	▲根子岳（菅平牧場） ▲烏帽子岳（地蔵峠） △高尾山（表参道） ▲黒斑山（車坂峠） △高尾山（琵琶滝）	▲飯縄山（一ノ鳥居苑地） ▲蓼科山（女神茶屋） ▲白馬乗鞍岳（栂池） ▲根子岳（峰の原） ▲蓼科山（七合目登山口） ▲蓼科山（大河原峠） ▲木曽駒ヶ岳（千畳敷） ▲焼岳（新中ノ湯登山口）			
	1	▲湯ノ丸山（地蔵峠） ▲大渚山（湯峠） ▲北横岳（ロープウェイ）				
		A	B	C	D	E

技術的難易度
右になるほど難易度が増す
（P45参照）

凡例
▲北アルプス　▲南アルプス
▲中央アルプス　▲八ヶ岳
▲その他の山地　△県外の山

（ ）登山口
〈 〉山名と登山口だけでは経路が特定できない場合の経由地
縦 入山口と下山口が異なる縦走ルート
→ 縦走の順
周 入山口と下山口は同じだが途中の経路が異なる周回ルート

長野県内の主要登山ルートを体力度とコースの難易度で評価した「信州 山のグレーディング」。自分の力量に合った山・コースを選ぶ際の参考になる。

CASE-3 ヘッドランプを持たずに下山できず

日没間近の薄暗いなかでの行動はアクシデントを招きやすい。

北海道・芦別岳（あしべつだけ）

登りの途中で時間切れ日没となって行動不能に

単独行の20代男性が、北海道の芦別岳に入山したのは10月15日のこと。登りはユーフレ沢から北尾根に突き上げる旧道をたどり、帰りは東側の尾根につけられた新道経由で下山する予定であった。

ところが、予想以上に登りに時間がかかり、芦別岳山頂の手前約1㎞付近で来たルートを引き返すことにしたが、旧道分岐（尾根の取り付き地点）あたりで日没となってしまった。男性はヘッドランプを携行しておらず、この時点で行動不能となり救助を要請。出動した救助隊に救助された。

日没が遅く日照時間の長い夏季とは違い、この時期は午後5時ごろになると山中は真っ暗闇となってしまう。その日没時間を考慮しなかったこと、日帰り登山ということで油断してヘッドランプを持たなかったことが、事故の要因となった事例である。

日帰り登山でもヘッドランプは必携

天気もよく体調も万全で、危険な要素などなにひとつないように思えても、山では計画どおりにことが運ぶとはかぎりません。ちょっとした不注意から道を間違えたり、景色のいい山頂で長居をしすぎたりして、つい時間をロスしてしまうのはよくある話です。

たとえ日帰り登山であっても、日没までに下山できない可能性を想定し、必ずヘッドランプやツエルト（簡易テント）などの非常用装備を携行するようにしましょう。ヘッドランプがあれば、日没になっても夜道を照らしながらある程度は歩き続けることができます。

日帰り登山の場合、明るいうちに下山できるものと信じ込んでいるから、ヘッドランプを持っていかない人も多いようですが、ヘッドランプひとつ持つだけで未然に防げる事故もあるのです。なお、手に持つタイプの懐中電灯は、片手がふさがってしまうのでお勧めできません。

思わぬトラブル等で下山が遅れても、ヘッドランプがあれば日没後も行動できる。

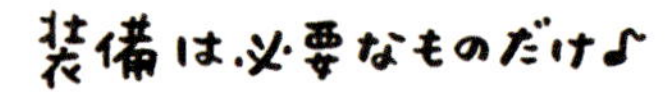

ザックが重い……

教訓2 「Light & Fast」でリスクを軽減する

登山は入山してから下山するまでの間に必要となる装備を、すべて自分で持ち歩かなければなりません。そのため、日帰りのハイキングならまだしも、テント山行や長期間の縦走登山となると、ザックはかなりの重さになってしまいます。そこで装備を準備するときには、なにが必要でなにが不要なのかをしっかり見極めることが重要となります。

とくに初心者は、不安などからあれもこれも持っていこうとして、どうしてもザックが重くなりがちです。しかし、装備が重くなれば、そのぶんスピードが落ちて行動時間も長くなり、疲労も増してきます。逆に重量を軽くすれば、よりスピーディに行動できるようになります。

山では、荷物が重くなって行動時間が長引くことで、危険を招きやすくなってしまいます。より安全に山に登るためには「Light & Fast」を心掛け、ひとつひとつの装備を吟味して不要なものは持たないようにしましょう。

少しでもザックを軽くするために

装備の軽量化の基本は「よけいなものは持たない」ことです。着替え、カメラ機材、メガネケース、財布に入れっぱなしのカード類、細かくチェックしていけば、持たなくてもすむものはいろいろあるはずです。

最近は装備の「Light & Fast」化も著しく、ひと昔前に比べると個々の登山用具はずいぶん軽くなりました。たとえば同じ40ℓのザックでも、重いものは1900gぐらいあるのに対し、ウルトラライトタイプは800g以下のモデルもあります。装備をすべて最新の軽量タイプのものに変えていけば、大幅な軽量化を図ることが可能です。ただし、それだけ出費もかさんでしまいますが……。

また、装備のなかでいちばん軽量化の余地があるのは食料です。軽量なフリーズドライ食品や乾物、粉末スープなどをうまく使って食料計画を立てましょう。よけいな容器や包装紙等を事前に取り除いておくことも忘れずに。

日帰り登山でもこれだけは持とう

前に述べたとおり、万一の下山遅れに備え、日帰り登山であってもヘッドランプは必携です。また、前日に天気予報の晴れマークを見て雨具を持たない人もいるようですが、山麓は晴れていても山の上では雨が降っていることも珍しくありません。雨具も必ず持つようにしてください。

思わぬアクシデントに見舞われて、山でビバークすることになったときにはツェルトが役に立ちます。ツェルトがあれば少なくとも風雨をしのぐことができ、体力の消耗を最小限に抑えられます。軽量コンパクトなものは缶ビール1本分ほどの大きさなので、常にザックに入れておくようにしましょう。

そのほか、ケガや病気の応急手当のための薬品類をコンパクトにまとめたファーストエイドキット、非常時や用具の破損に備えるエマージェンシーグッズ（マルチツール、ホイッスル、針金、ライターなど）も必携装備です。

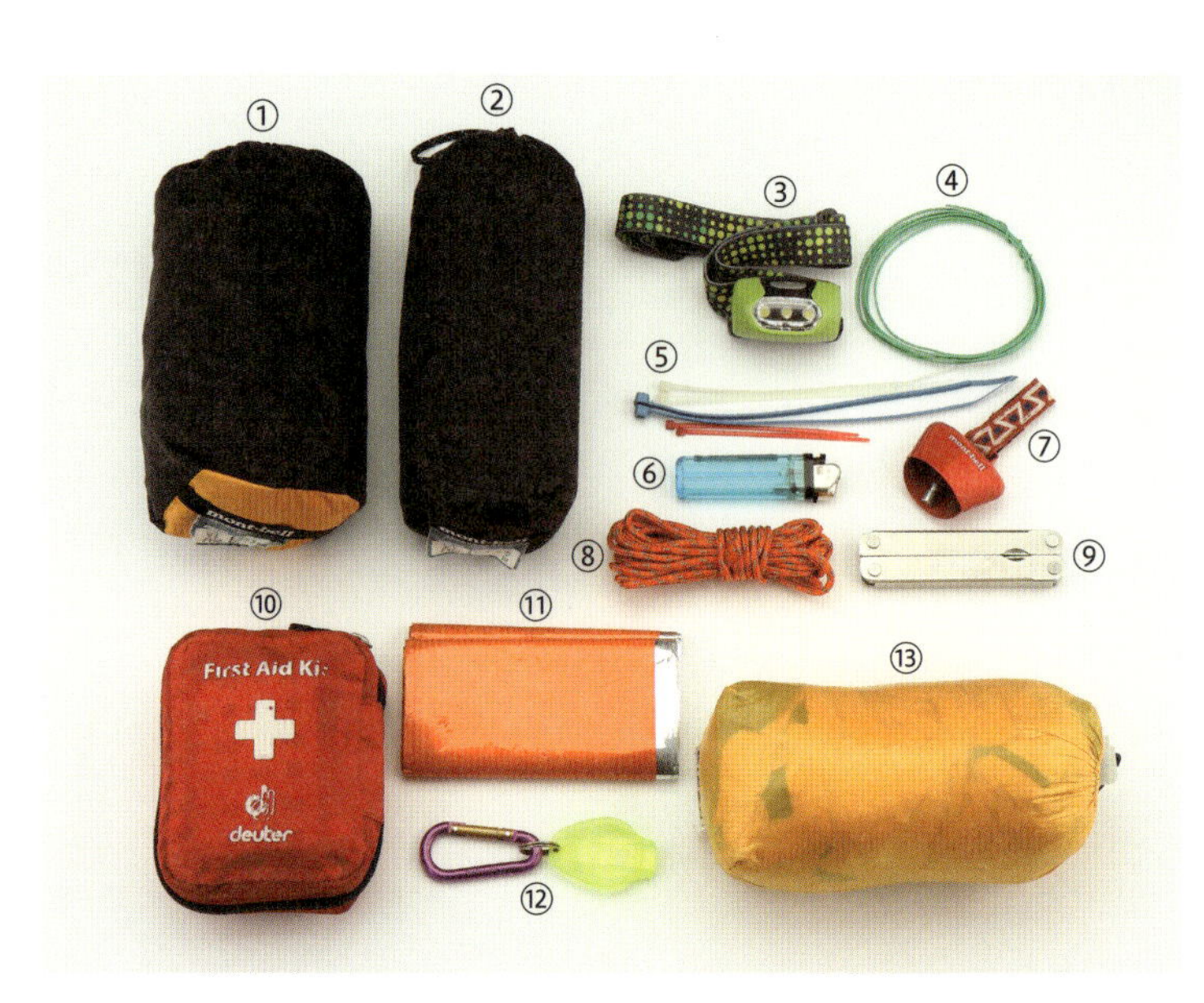

①②雨具 ③ヘッドランプ ④針金 ⑤結束バンド ⑥ライター ⑦熊鈴 ⑧ロープ ⑨多機能ナイフ ⑩ファーストエイドキット ⑪エマージェンシーシート ⑫ホイッスル ⑬ツエルト
※①②③⑩⑬は登山の必携装備。

無雪期の山行装備リスト

	装備	日帰り	山小屋泊	テント泊
基本装備	登山靴	◎	◎	◎
	ザック	◎	◎	◎
	ザックカバー	◎	◎	◎
	レインウェア	◎	◎	◎
	食料、行動食	◎	◎	◎
	非常食	◎	◎	◎
	飲料水	◎	◎	◎
	ストーブ	○	○	◎
	燃料	○	○	◎
	コッヘル	○	○	◎
	カトラリー	○	○	◎
	地図	◎	◎	◎
	コンパス	◎	◎	◎
	GPS	△	△	△
	腕時計	◎	◎	◎
	携帯電話、充電器	◎	◎	◎
	ヘッドランプ	◎	◎	◎
	ストック	○	○	○
	軽アイゼン	△	△	△
	ファーストエイドキット	◎	◎	◎
	エマージェンシーキット	◎	◎	◎
	ツエルト	◎	◎	◎
	補助ロープ、カラビナ	◎	◎	◎
ウェア類	ベースレイヤー	◎	◎	◎
	ミドルレイヤー	◎	◎	◎
	アウターシェル	◎	◎	◎
	パンツ	◎	◎	◎
	ソックス	◎	◎	◎
	着替え	◎	◎	◎
	防寒具	△	◎	◎
	帽子	◎	◎	◎
	手袋	○	○	○
	ゲーター	△	△	△
小物類	サングラス	◎	◎	◎
	ナイフ	◎	◎	◎
	ラジオ	ー	○	○
	カメラ	○	○	○
	マッチ、ライター	◎	◎	◎
	ホイッスル	◎	◎	◎
	洗面用具	ー	◎	◎
	タオル	◎	◎	◎
	ロールペーパー	◎	◎	◎
	トイレキット	◎	◎	◎
	日焼け止め	○	○	○
	虫除けスプレー	○	○	○
	熊よけグッズ	○	○	○
	健康保険証のコピー	◎	◎	◎
	登山計画書	◎	◎	◎
テント山行	テント	ー	ー	◎
	シュラフ	ー	ー	◎
	シュラフカバー	ー	ー	◎
	テントマット	ー	ー	◎
	個人マット	ー	ー	◎

◎は必携、○はあると便利、
△は状況による、ーは不要

CASE-5 登山道を外れていって危機一髪

登山道が沢を横切る箇所では、うっかり沢に入り込まないように。

南アルプス・布引山(ぬのびきやま)

道に迷った60代男性、10日ぶりに救助される

9月29日の午前11時ごろ、山梨県早川町雨畑の奥沢谷で、釣り人が沢で倒れている男性を発見し、警察に通報した。県の防災ヘリコプターで病院に運ばれた男性は、胸椎骨折や脱水症状が見られたが、命に別状はなかった。

この60代の男性は、同月18日から1泊2日の予定で、仲間の男性2人と布引山に入山。何らかの理由で3人は別々に下山したが、19日の午後7時ごろ、集合場所に男性が現れなかったことから仲間が110番通報していた。

男性は仲間と分かれて下山する途中で道に迷ったため、沢沿いに下山を試みていたが、動けなくなったところを偶然、釣り人に発見された。山中を彷徨っていた10日間は、持っていたお菓子や栄養補助食品を食べ、沢の水を飲み、焚き火を起こして暖をとっていたという。

登山のナビゲーションツール

登山の必携装備である地図とコンパスは、登山者を正しいルートに導いてくれるナビゲーションツールです。GPSや高度計もナビゲーションツールとして携行していれば便利ですが、まずは基本となる地図とコンパスをしっかり使いこなせるようになりましょう。

登山に用いられる地図は、コースタイムや山小屋などの情報が盛り込まれた登山地図と、地形を読み取るのに適した国土地理院発行の地形図の、主に2つです。地形図には2万5000分の1と5万分の1の縮尺のものがありますが、前者のほうが細かな地形まで読み取ることができます。今はWebサイトから地形図をプリントアウトできるので、必要なエリアを出力して携行するといいでしょう。

また、コンパスはオリエンテーリング用のプレートタイプのものが主流です。地図と併用することを考え、必ず単体のものを持ちましょう。

地形図と登山地図。それぞれ特徴が異なるので、できれば両方持つようにしたい。地形図は、必要なエリアをWebサイトからプリントアウトすることもできる。

ハンディGPSやスマホアプリを使えば、簡単な操作で正確な現在地がわかる。ただし、事前に操作法に習熟しておく必要がある。また、予備のバッテリーや充電器は必携だ。

教訓 2

スマホアプリとGPS

最近は、登山の新しいナビゲーションツールとして、ハンディGPSを持つ人も増えています。GPSを使えば、人工衛星からの電波信号を受信することによって、正確な現在位置を知ることができます。さらに、登録した経由地をたどって目的地へと誘導してくれるナビゲーション機能や、道に迷ってしまったときに軌跡を逆に案内して正しいルートに引き返すことができるトラックバック機能なども搭載されています。

また、広く普及しているスマートフォンにもGPS機能が搭載されているので、地図アプリをダウンロードしておけば、GPS代わりに使うことも可能です。

ただし、GPSやスマートフォンはバッテリーの消耗が早く、バッテリーが切れるとまったく役に立たなくなってしまいます。それを考えると、登山のナビゲーションツールは地図とコンパスをメインにするのがいいようです。

現在地を確認しながら歩く

誤解している人も少なくないようですが、地図とコンパスは道に迷ったときに使うものではなく、道に迷わないようにするために用いるものです。もし完全に道に迷ってしまったら、たとえ地図とコンパスを持っていても、現在地を割り出して正しいルートに戻ることはかなり難しくなってしまいます。

そうならないようにするために、地図とコンパスを用いてこまめに現在地を確認しながら行動するのが、このナビゲーションツールの基本的な使い方です。休憩ポイント、見晴らしのいい場所、分岐点、ピークなど、要所要所で地図とコンパスを取り出し、現在地を確認する習慣を身につけましょう。

なお、地図とコンパスをザックの雨蓋などに入れておくと、いちいち取り出すのが面倒なので、ウェアのポケットなどすぐに取り出せるところに入れて携行しましょう。

こまめに地図で現在地を確認し、コンパスで進むべき方向をチェックしていれば、道に迷う心配もぐんと減るし、迷っても容易に正しいルートに戻ることができる。

地図とコンパスの基本的な使い方

地図とコンパスは、ただ持っているだけでは意味がありません。重要なのは正しく使いこなせることであり、そのためには使い方をしっかり学んでおく必要があります。最近は地図読みの講習会も各地で開催されているので、これに参加して、使い方をしっかり習得しておきましょう。ここではごく基本的な使い方について簡単に解説します。

①磁北線を引く

通常、地形図は真上が真北を指していますが、コンパスの磁針が指す北は「磁北」といって、真北とは微妙にズレています。ズレる角度は地域によって若干違っていて、その差を「偏差」と呼んでいます。地図とコンパスを使うときは、この偏差を補正しないと正確に使いこなすことはできないので、地形図には偏差を示す「磁北線」を事前に引いておく必要があります。偏差は、地形図の欄外に「磁針方位は西偏約7。0′」といった表記で記載されています。

磁北線の引き方

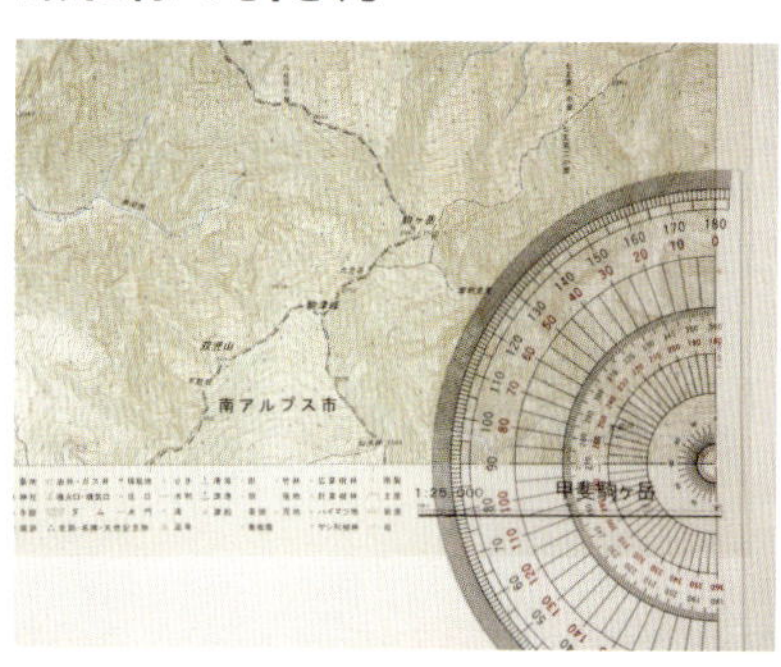

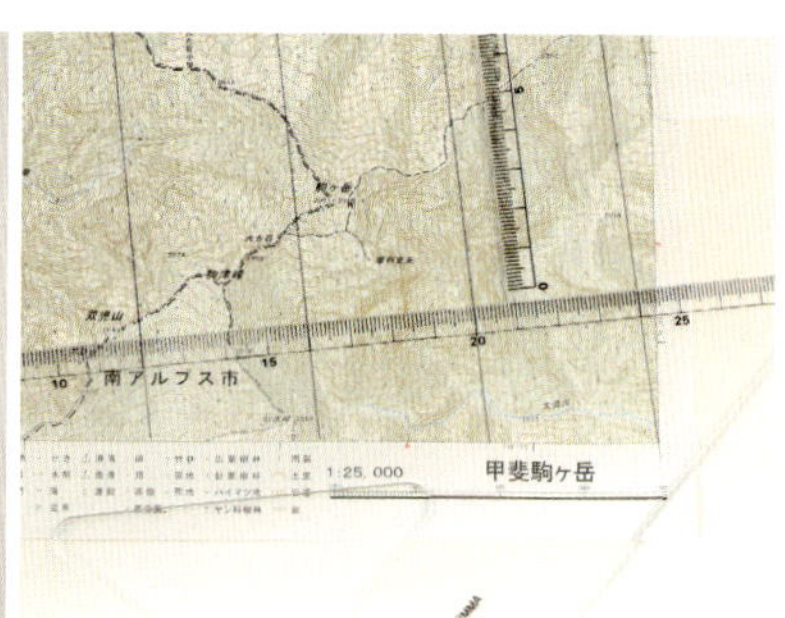

分度器と定規を使い、磁針方位の角度の磁北線を4cm間隔（2万5000分の1地形図なら1km、5万分の1地形図なら2kmの距離に相当）で南北方向に引いておく。

インターネットの地形図には自動的に磁北線を引いてくれる機能があるので、それをプリントアウトするだけでいい。

コンパス各部の名称

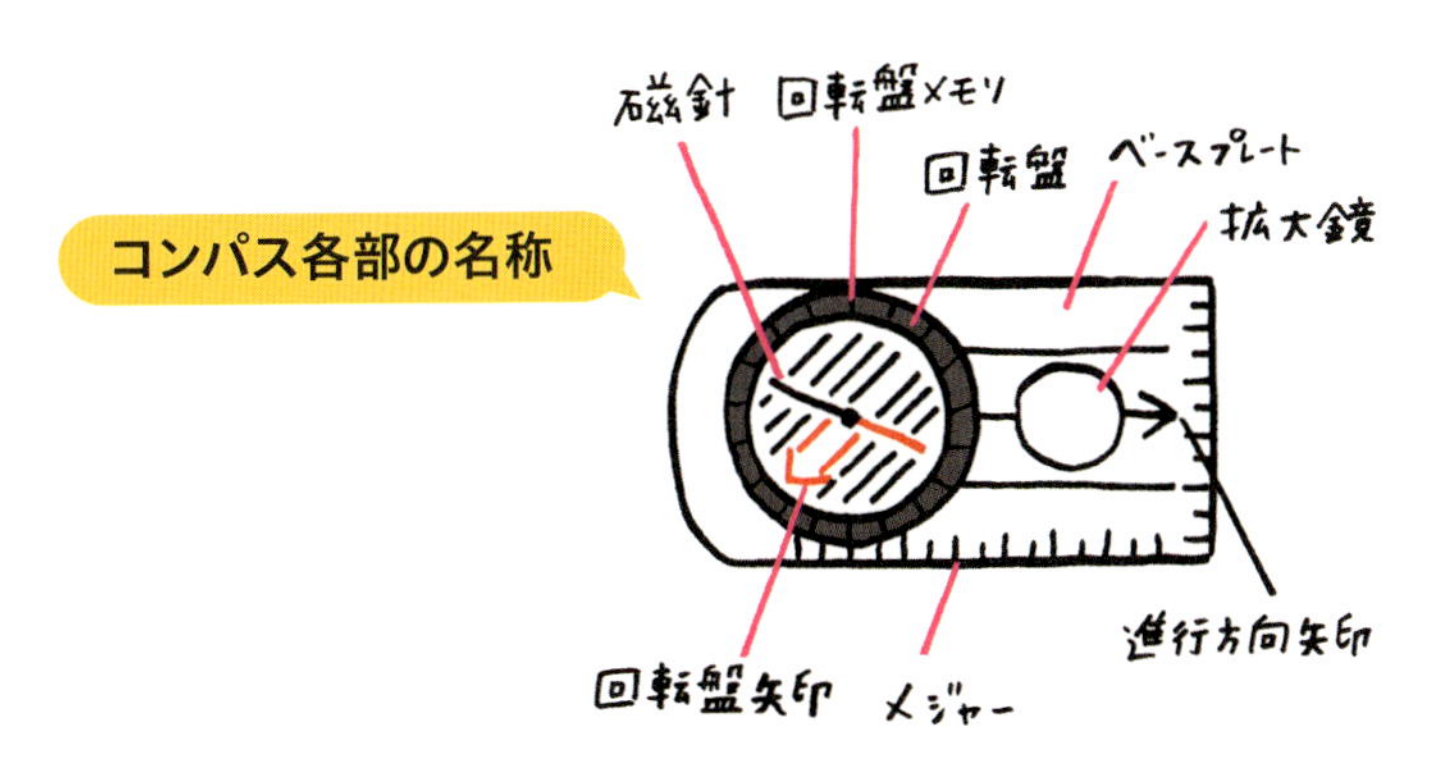

正置の方法

1

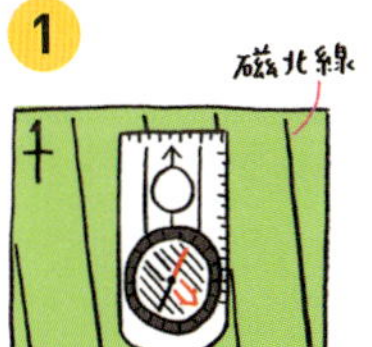

コンパスを地形図の上に置く。磁針の中心が磁北線に重なるように置くといい。

2

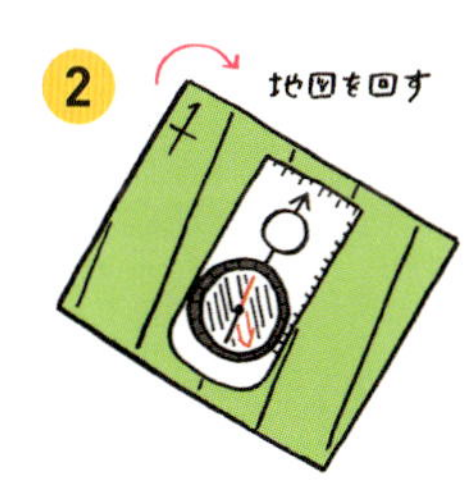

地形図を回転させて、磁針と磁北線が重なる(並行になる)ようにする。これで正置が完了。

②正置する

地図とコンパスをセットで使うときに、いちばん基本となるのが「正置」と呼ばれる作業です。正置とは、実際に自分の正面に見える景色と地形図の向きを一致させることをいいます。車に搭載されているカーナビは、道を曲がると地図が自動的に進行方向の画面に切り替わりますが、それと同じことを登山中に手動で行なうわけです。

正置の手順は非常にシンプルです。あらかじめ磁北線を引いておいた地形図の上にコンパスを置き、磁針の向きと磁北線が並行になるように地形図を回転させるだけです。これだけで、目の前の風景と地形図の向きがぴったり合致しているはずです。正置をすれば、現在地の特定、進むべき方向の確認、周囲に見える山の特定などが容易に行なえるようになります。登山中に地図とコンパスを使いこなすうえでは必要不可欠な技術であり、あらゆる場面で役に立つので、そのやり方をしっかり覚えておいてください。

なお、コンパスを見るときは、必ずコンパスを水平に保ち、進行方向矢印が前方を指すように、体の正面（胸または腹の前）で構えるのが基本です。

コンパスを目的地にセットする方法

1

コンパスの長辺を、正置した地形図上の現在地と目的地に当てる。進行方向矢印は目的地の方角を向くようにする。

2

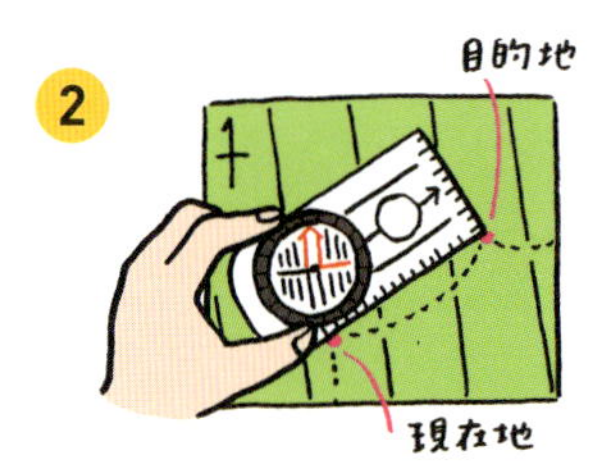

コンパスを地形図に当てたまま回転盤を回し、回転盤の矢印と地形図の磁北線が並行になるようにする。

3

磁針の北と回転板の赤い矢印がぴったり重なったとき、体の正面は目的地を向いている。ズレていたら体の向きを変える。

4

行動中はこまめにコンパスで方向をチェックする。

③コンパスを目的地にセットする

地図とコンパスの基本的な使い方のひとつが、地図上でコンパスを目的地にセットすることです。その方法は上に示したとおり。出発前にこの作業を行ない、行動中にこまめにコンパスをチェックすれば、道迷いを未然に防げるようになり、視界不良時でもコンパスを頼りに目的地までたどり着くことができます。もしルートを外れてしまっても、コンパスを見ながら方向を修正することが可能になります。

この方法のポイントは、はじめからコンパスを最終目的地にセットするのではなく、その日にたどるルート上にある次の目標物、たとえば分岐点、小ピーク、峠などにセットすることです。その目標物が必ずしも見えている必要はなく、地図上でそのポイントが特定できればOKです。そこまで来たら、また次の目標物にコンパスをセットすることを繰り返し、最終的にその日の目的地を目指すようにします。

④山座同定する

眺めのいい場所から山岳パノラマを楽しむのは、登山の大きな魅力のひとつですが、そのなかに特徴的な山があると、きっとその山の名前が知りたくなるはずです。地図とコンパスを使えば、それが容易にできるようになります。このように、実際に見えている山を、地形図上で確認して山名を同定する作業を「山座同定」といいます。

山座同定の方法は、前ページで紹介した「コンパスを目的地にセットする方法」と逆の手順をたどっていきます。まず、名前を知りたい山にコンパスの進行方向矢印を向け、磁針の北と回転板の赤い矢印が重なるように回転盤を回します。次に正置した地図の上にコンパスを置き、長辺を現在地に当てたままコンパスを回していきます。磁針の北と回転板の赤い矢印が重なったら、コンパスの長辺の延長線上にある山が、知りたい山の名前となります。

2万5000分の1地形図のような縮尺の大きな地図だと、狭い範囲内しか確認できないので、山座同定を楽しむつもりなら、20万部の1地勢図のような小さな縮尺の地図も持っていくといいでしょう。

山座同定の方法

1

名前を知りたい山(見えている山)にコンパスの進行方向矢印を向ける。

2

磁針の北と回転板の赤い矢印が重なるように回転盤を回す。

正置した地図の上にコンパスを置き、長辺を現在地に当てたままコンパスを回して、磁針の北と回転板の赤い矢印を重ねる。コンパスの長辺の延長線上にある山が見えている山だ。

道に迷ったときの基本行動

山を歩いているときに、少しでも「あれ、おかしいな」「この道でいいのだろうか」と感じたら、ひとまずその時点で行動をストップします。「たぶん大丈夫だろう」「もうちょっと先まで行ってみよう」などと考えて先に進むと、どんどん道迷いの深みにはまっていってしまいます。

地図とコンパスもしくはGPSで現在地を確認できるのであれば、正しいルート上にいるのかどうかすぐわかります。もしルートを外れている場合、あるいは現在地がわからない場合は、たどってきたルートを引き返していきます。来たルートを忠実に引き返していけば、最後に現在地を確認した場所まで戻る間に、必ず間違えた地点が見つかるので、そこから正しいルートに復帰できるはずです。

とくに道を間違えやすいのは、尾根や沢が分かれるところ、雪渓上、岩場やガレ場などです。このような場所には、迷った人の踏み跡があちこちについていることもあるので、

もし道に迷ってしまったら

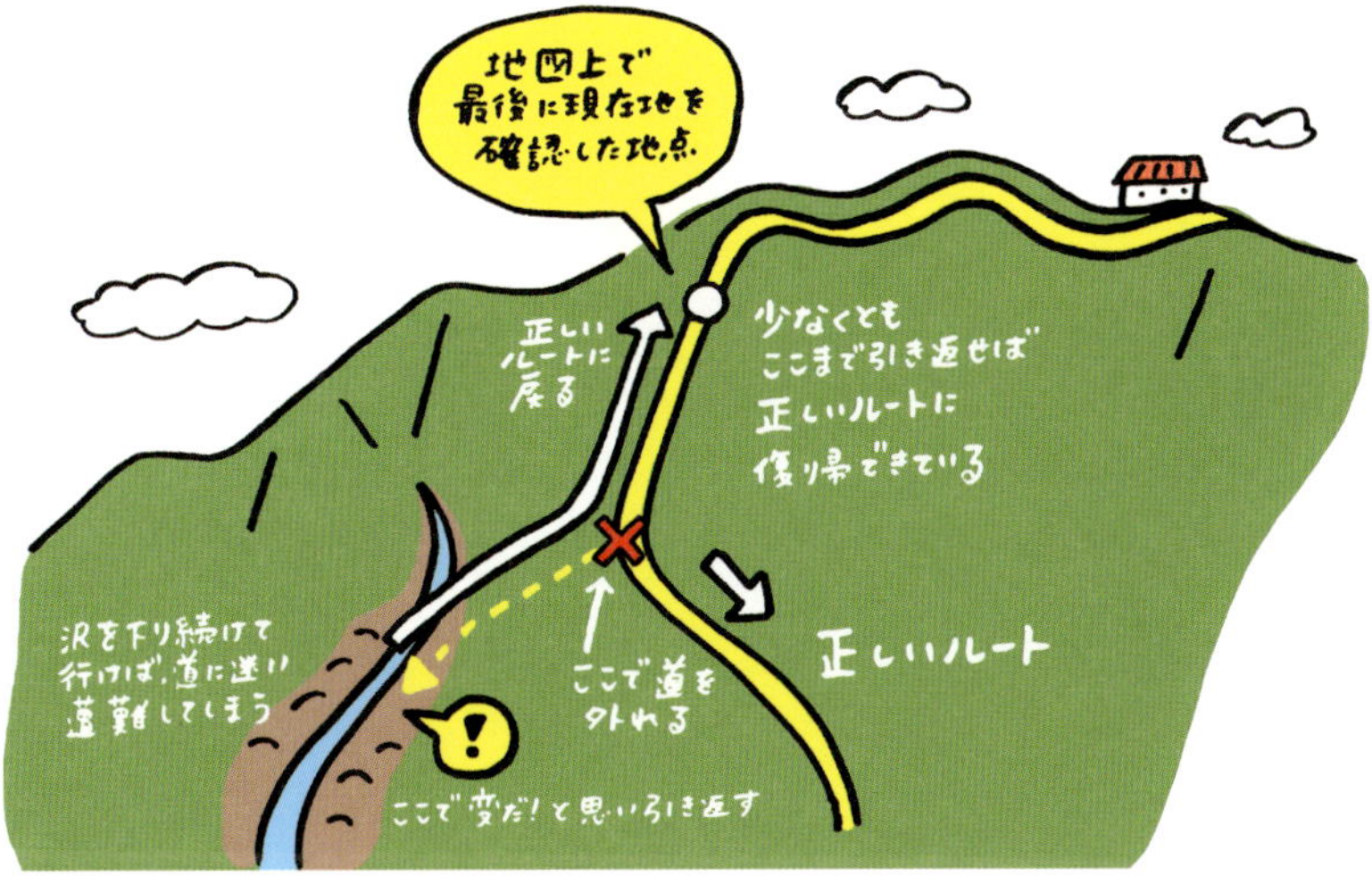

「おかしいな」と思ったら、その時点で来たルートを引き返すこと。引き返していけば、必ずどこかで正しいルートに復帰する。最後に現在地を確認した地点まで戻ればそこはもう正しいルート上のはずなので、改めて慎重にルートをたどり直していけばいい。

地図とコンパスで正しいルートを確認しながら注意深く進むようにしましょう。

もし完全に道に迷って、たどってきた道もわからなくなってしまったら、まずはその場で休憩をとり、行動食を食べたり水分を補給したりして気持ちを落ち着かせます。冷静さをとり戻したら、近くにあるピークや尾根を目指して登り返していきます。ピークや尾根に上がれば視界が開けるので、周囲の地形から現在地を判別しやすくなります。また、登山道はピークや尾根を通っていることも多く、ひょっこり正しいルートに戻れるかもしれません。

いちばんやってはいけないのは、沢を下っていくことです。沢には立木や藪がほとんどなく、歩きやすいうえ、道があるように見えてしまうこともありますが、下っていくうちに必ず崖や滝に突き当たります。そこを無理やり下ろうとして転滑落してしまうのが、道迷い遭難の典型的なパターンです。「道に迷ったときには沢を下っていってはならない」というのは登山の鉄則です。どんなに億劫に感じられても、きたルートを引き返すか、ピークや尾根に登り返すようにしましょう。

CASE-6 悪天候に見舞われ行動不能に

増水した沢は非常に危険。無理は禁物だ。

白神山地（しらかみさんち）

大雨で2パーティが遭難 原因は増水と道迷い

9月14日に白神山地に入山していた20代と30代の男性2人パーティが、大雨のために予定していたコースを外れて道に迷い、18日に携帯電話で救助を要請した。また、15日に入山した20～40代の男女5人パーティも、下山予定の18日になっても戻らないことから、心配した家族が警察に通報した。この2パーティ計7人は、翌19日に県警ヘリによって無事救助された。5人パーティは青秋林道の終点から入山して大川をさかのぼり、暗門川から暗門の滝に向かうルートをたどろうとしていたが、悪天候のため登山を断念。来たルートを引き返そうとしたものの、川の増水により下山できなくなっていた。

15日から18日にかけての青森県内は、活発化した前線の影響で大雨に見舞われ、白神山地周辺では200ミリの雨量が記録されていた。

山の気象の特性

昔から「山の天気は変わりやすい」と言われていますが、同じエリアでも平野部の天気と山岳地の天気は大きく異なります。なぜ平地と山の天気は異なり、しかも山の天気は変わりやすいのかというと、山には凹凸があるからです。平地で吹く風が山に当たると、上昇気流となって斜面を駆け上がります。このとき、空気中にたくさんの水蒸気が含まれていると、雲が発生して雨を降らせます。一方、反対側の風下側の斜面では下降気流が起こって雲が消え、天気はよくなります。たくさんの凹凸によって複雑な地形が形成されている山岳地では、このように上昇気流と下降気流があちこちで発生するため、平地とは異なる、変わりやすい天気となるのです。

なお、空気に含まれている水蒸気の量が多いほど雲はできやすく、また平地と山の上の温度差が大きければ大きいほど、雲は大きく発達します。

山で天気が崩れる理由

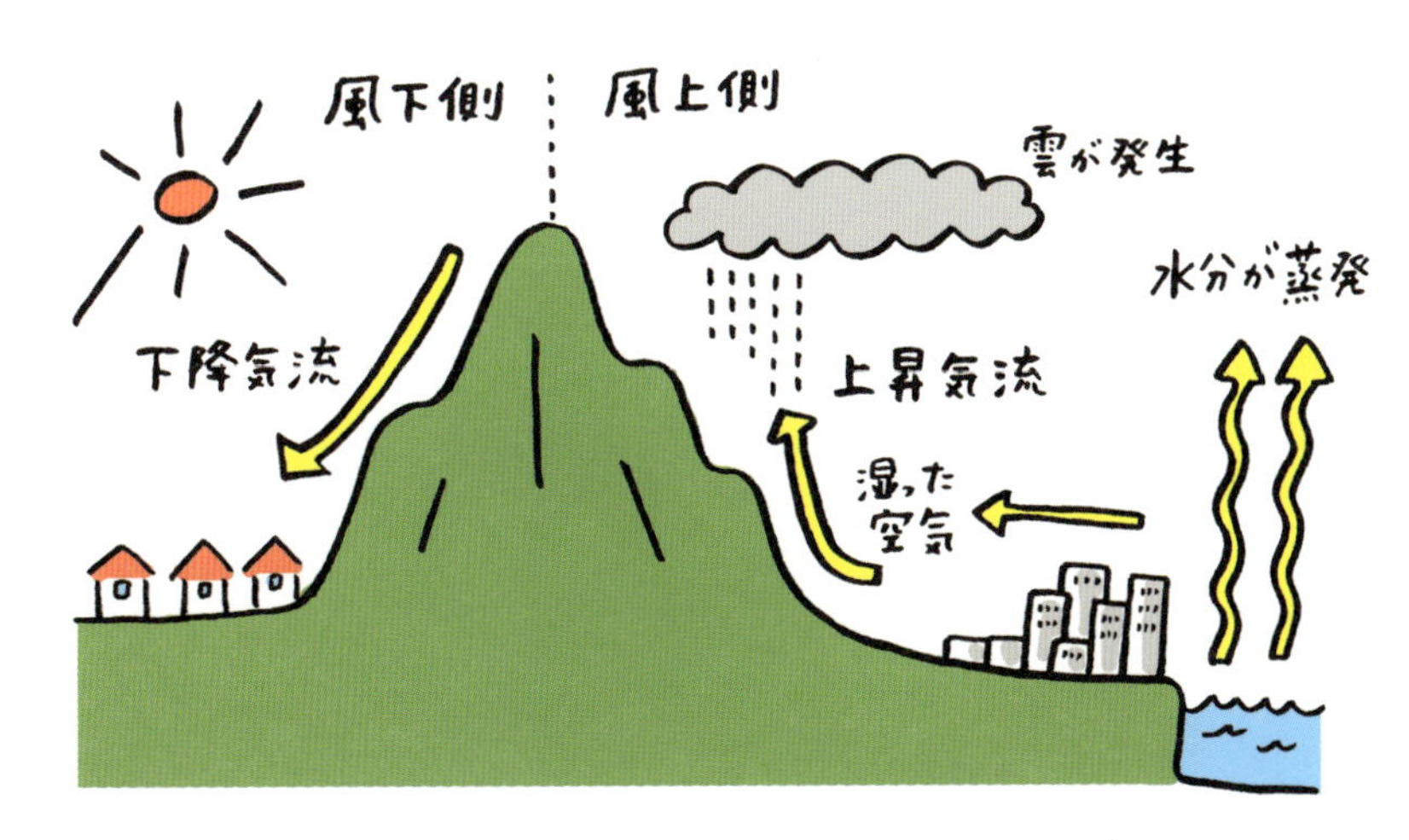

海から運ばれてくる湿った空気が山にぶつかって上昇気流となり、雲が発生して風上側の山に雨を降らせる。脊梁(せきりょう)山脈が中央に走る日本列島では、太平洋側から風が吹くときは太平洋側の山で、日本海側から風が吹くときは日本海側の山で天気が崩れやすい。

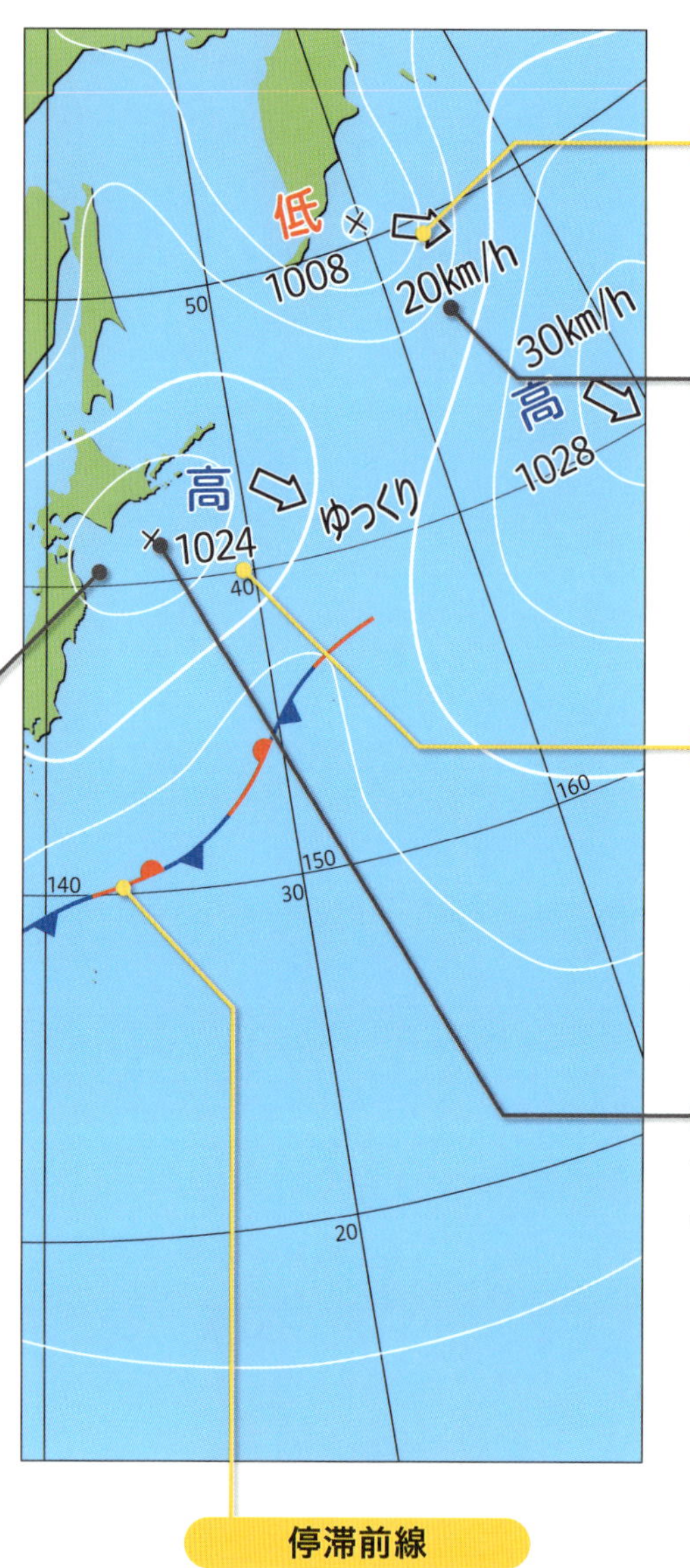

教訓
2

天気図の見方

進行方向

高気圧や低気圧の予想進行方向を矢印で示している。

進行速度

高気圧や低気圧の進行速度で、時速で表される。この場合は、低気圧が時速20kmの速度で東南東の方角へ進んでいることになる。

中心気圧

高気圧または低気圧の中心気圧。単位は「hPa」(ヘクトパスカル)。高気圧は数字が大きいほど、低気圧は数字が小さいほど勢力が強い。

中心位置

高気圧または低気圧の中心の位置は×印で示される。

停滞前線

ぶつかり合った暖かい空気と冷たい空気が拮抗し、ほぼ同じ場所に長期間停滞する。ほかの前線に比べて動きが遅い。梅雨前線や秋雨前線がこれにあたる。

寒冷前線

冷たい空気が暖かい空気の下に潜り込み、前線の進行方向の後ろ側に狭い範囲で雲が発生し、激しい雨が降る。雷や突風を伴うことも。

低気圧

周辺よりも気圧が低い場所。「低」または「L」で表記される。低気圧の中心付近では雲が発生しやすく、天気が悪くなることが多い。

温暖前線

暖かい空気が冷たい空気の上に緩やかに這い上がっていき、前線の進行方向の前に広い範囲に雲ができて雨を降らす。

等圧線

気圧が同じところを結んだ線。太い線は20hPa、細い線は4hPaごとの間隔で描かれている。等圧線の間隔が狭いほど風が強い。

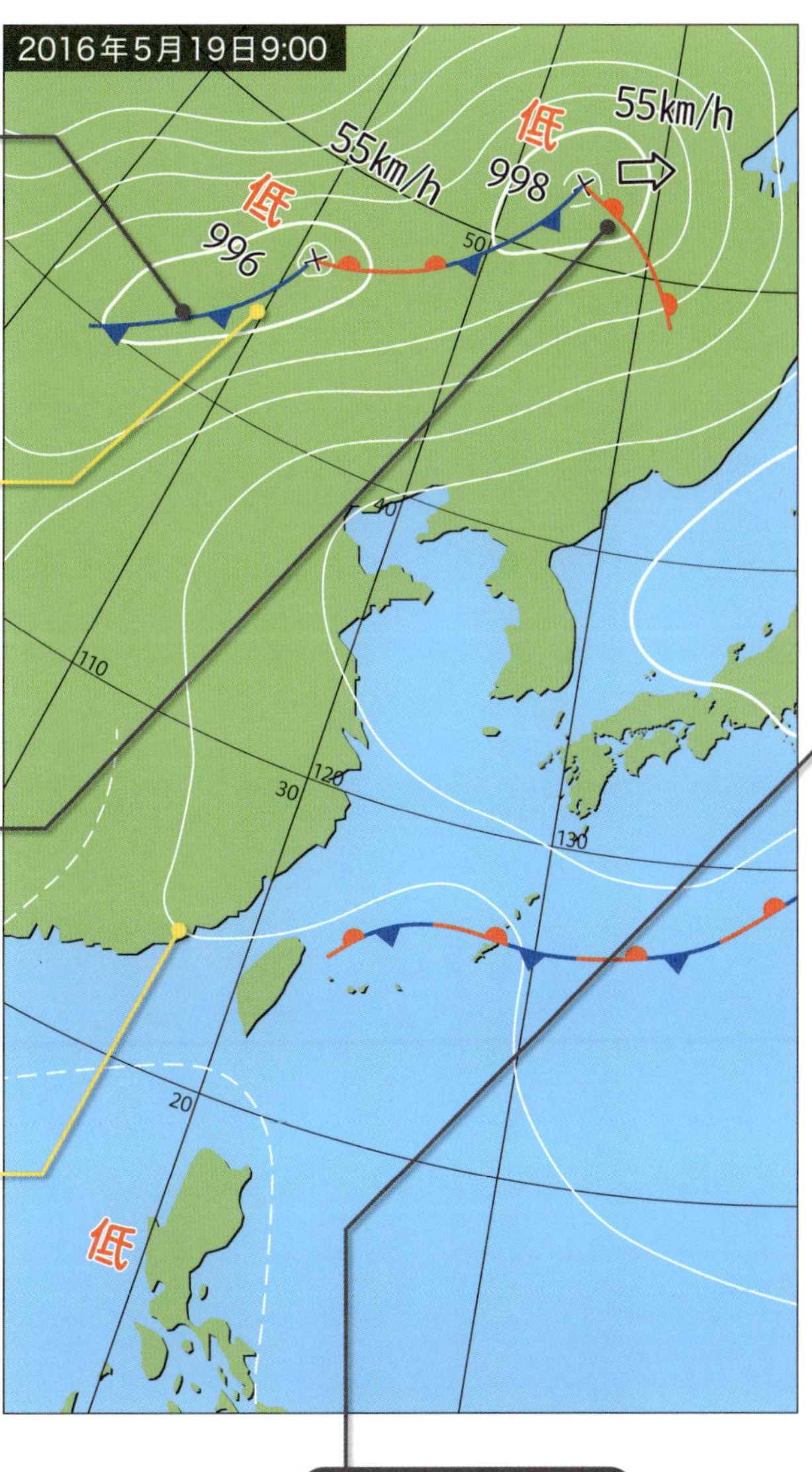

高気圧

周辺よりも気圧が高い場所。「高」または「H」で表記される。高気圧の中心付近では雲が発生しにくく、天気がよくなることが多い。

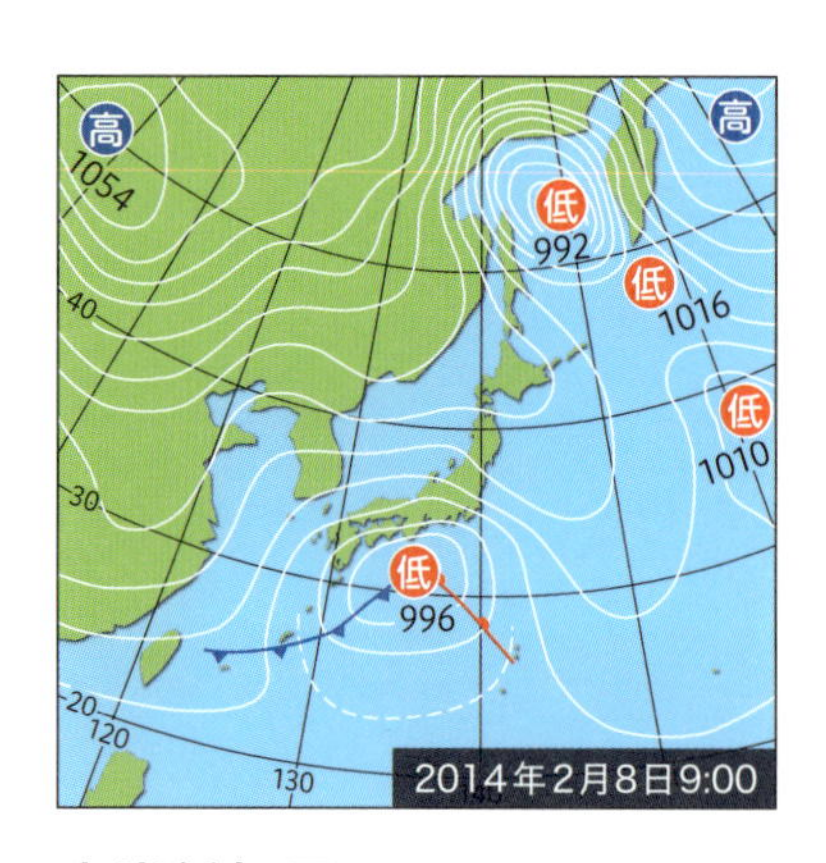

南岸低気圧

低気圧が発達しながら日本列島の南岸沿いを東～北東に進む気圧配置。冬から春にかけてよく見られ、太平洋側の地域にまとまった降雪をもたらす。関東平野部にもしばしば大雪を降らせる。

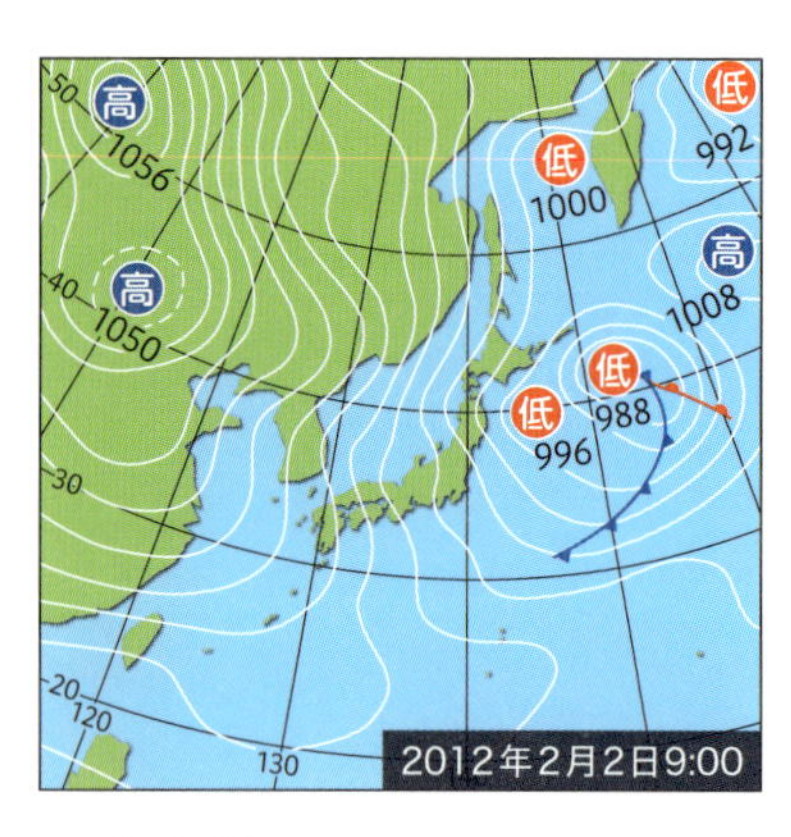

西高東低

大陸に高気圧、太平洋に低気圧がある代表的な冬型の気圧配置で、北～北西の風が吹くことが多い。冬型が強まると、日本海側の山は脊梁山脈を中心に暴風雪が吹き荒れる。太平洋側は晴れる。

こんな天気のときは要注意

さまざまな気象データを一枚の地図上に表したものが天気図です。天気図にはいくつかの種類がありますが、ふだん私たちがテレビなどで目にしているのは、気象庁が1日7回発表する実況天気図と、24時間後および48時間後を予測した予想天気図です。どちらも地表面の気圧配置や前線の動きを表したものですが、見方を覚えれば数日後までの山の天気の傾向も予測できるようになります。

日本列島付近の天気は、偏西風の影響を受けて基本的に西から東へと変化していきます。低気圧や前線の有無と動き、等圧線の込み具合、熱帯低気圧や台風の進路など、天気を崩す要因となるものは要チェックです。ここでは山の天気が大荒れとなる代表的な天気図のパターンを紹介したので、参考にしてください。

気象の知識を身につけて天気を予想するには、山の気象の本を読んだり、講習会などに参加するといいでしょう。

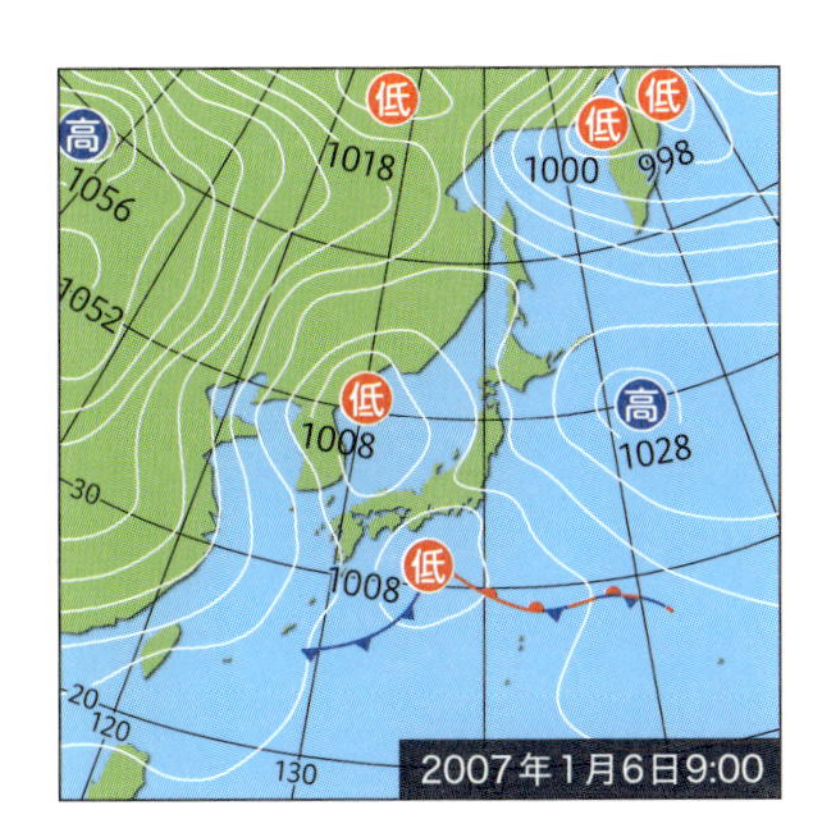

2007年1月6日9:00

二つ玉低気圧

日本海低気圧と南岸低気圧が同時に進行する気圧配置で、山は大荒れの天候となる。２つの低気圧の間では一時的に晴れる疑似好天となることもあるが、長続きしない。通過後は冬型の気圧配置が強まり、大雪や暴風雪に。

2007年3月5日9:00

日本海低気圧

日本海を発達しながら東～北東方向に進んでいく低気圧。「春一番」や「メイストーム」と呼ばれる春の嵐をもたらすことが多い。通過前は気温が上がり、通過後は北から寒気が入って山は猛吹雪となる。

2013年10月15日9:00

台風

最大風速が17m/s以上の熱帯低気圧。日本列島に接近・上陸する進路をとると、山は暴風雨に見舞われる。8～10月にかけて多く発生する。停滞中の秋雨前線に台風が接近すると、前線の活動が活発になり、山は何日間も荒天が続く。

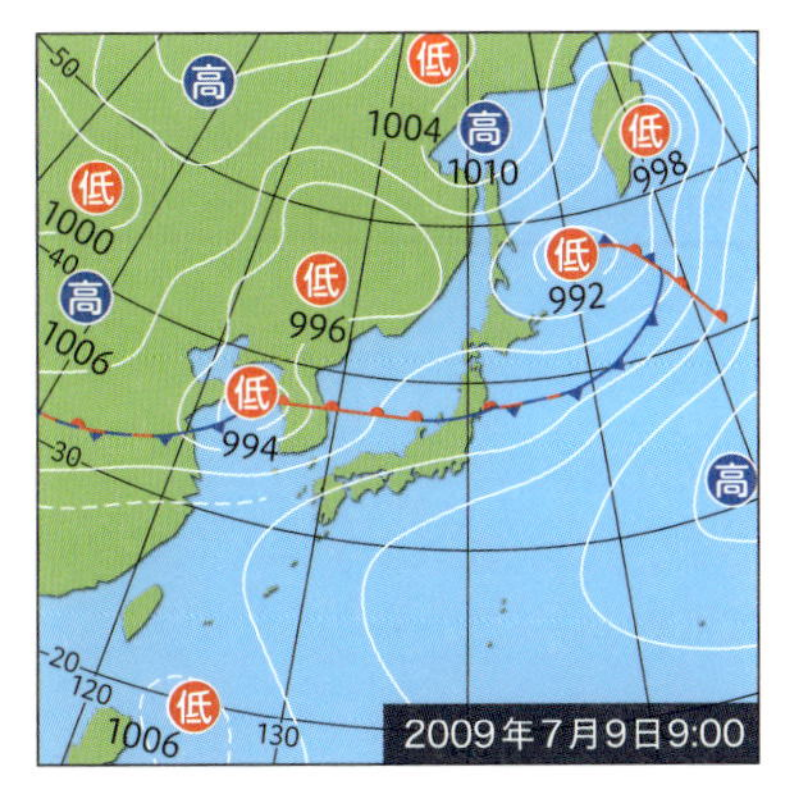

2009年7月9日9:00

梅雨前線

梅雨期に日本から中国大陸付近に表れる停滞前線で、雨や曇りの日が多くなる。前線上に低気圧やくびれ（前線が折れ曲がっている箇所）があるときはその南側で集中豪雨となる。

巻積雲（けんせきうん）

「うろこ雲」「いわし雲」とも呼ばれ、秋空によく見られる。巻積雲の雲の量が多くなってきたら、あるいは右の巻層雲が巻積雲に変わってきたら、天候悪化の兆し。

巻層雲（けんそううん）

空全体を薄く覆うように現れる雲。巻層雲が太陽や月にかかると、「暈（かさ）」と呼ばれる光の輪ができることがある。昔から「暈がかかると天気は下り坂」といわれている。

教訓 4

山で役立つ観天望気

悪天候を予測できず、あるいは悪天候のなかで無理に行動した結果、遭難してしまったという事例は枚挙にいとまがありません。そこで、登山中には悪天候の兆しをいち早く察知して対処することが重要になってきます。そのために役立つのが観天望気です。

観天望気とは、雲の形や動き、空の様子、風の方向や強さ、気温の高低など、気象現象の変化を観察することで天気を予測することをいいます。登山中にはリアルタイムで天気情報を入手することが難しいので、観天望気によって天候の変化を判断するわけです。

ただし、観天望気を行なうには冷静かつ的確な分析と判断が求められ、気象に関する幅広い知識が必要になってきます。もし可能ならば、天気予報や天気図と併用することをお勧めします。ここでは、悪天候のサインとなる観天望気の代表例を紹介しておきます。

積乱雲（せきらんうん）

「入道雲（にゅうどうぐも）」とも呼ばれる。大気の状態が不安定なときに出現し、大雨や雷、突風を引き起こす。夏山で最も警戒すべき雲。

© 猪熊隆之

乱層雲（らんそううん）

どんよりと重たい灰色の雲で、「雨雲」「雪雲」とも呼ぶ。低気圧や温暖前線の接近によって現れ、長時間、雨を降らせる。

ブロッケン現象

光の輪とともに自分の影が霧や雲に投影される現象。朝のブロッケンは悪天の、夕方のブロッケンは好天の兆しとされる。

レンズ雲

凸レンズのような形の雲。上空に強い風が吹いているときに現れ、山の上部は強風に見舞われる。天気も下り坂となる。

星の瞬き

星が激しく瞬くのは、上空の大気の状態が不安定になっていたり風が強まってきているためで、天候悪化の前兆とされる。

赤黒い夕焼け

夕焼けが赤黒い不自然な色に染まったときは、西に雨雲がある証拠なので、翌日から天気が下り坂に向かうことが多い。

全国18山域、59山の詳細な天気予報をメールで配信してくれる「ヤマテン」。

教訓5 天気予報をチェックする

大きな遭難事故の多くは、悪天候のときに起きています。山行前には必ず天気予報をチェックして、悪くなる予報が出ているときは、計画の変更・中止を検討すべきです。前述したとおり、平地と山の天気は異なります。気象に関する基礎的な知識があるのなら、気象庁のウェブサイトなどで天気図等をチェックして山の天気を予測することもできますが、そうでなければ山岳気象情報のサイトを活用することをお勧めします。

最も定評があるのは、山専門の気象予報士として知られる猪熊隆之氏が運営する「ヤマテン」です。会員登録すれば（月額300円+税）、全国15山域の山の天気予報をPCや携帯電話、スマートフォンに配信してくれるうえ、大荒れが予想されるときは臨時メールも配信されます。また、日本気象協会のウェブサイト「山の天気」でも、全国約200山の山麓の天気予報を公開しています。

悪天候の予報のときは計画を変更・中止する

気象遭難を回避するためには、山行1週間前から天気情報をチェックして、山行当日に天気が悪くなりそうなら計画を見直しましょう。

気象庁や前述の「山の天気」では、週間天気予報を発表しています。まずはこれらをチェックして、山行日を含めた前後の天気の傾向を把握します。また、夏から秋にかけては台風シーズンとなるので、台風情報にも要注意です。

山行2日前になったら、決行するか中止・延期・変更にするのかを決めたいところです。天気の悪化が明白であれば、計画の中止・延期を決定します。山行の途中で天気が崩れてきそうな予測なら、エスケープルートや撤退時間・ポイントを決めておくといいでしょう。

山行前日には、決行か中止・延期・変更かの最終決定を下します。現地の山小屋の情報も判断材料のひとつとなります。スタッフのアドバイスには素直に従うのが賢明です。

悪天候の予報や兆しがあるときは、無理せず計画の変更・中止を。

CASE-7 雷雲が通過後に被雷して死亡

事故現場となった槍ヶ岳の山頂。

北アルプス・槍ヶ岳（やりがたけ）

山頂に落ちた一発の雷 早過ぎた行動再開

その日の槍ヶ岳周辺では、昼前から早くも激しい雷雨となり、山頂に近い槍ヶ岳山荘にはたくさんの登山者が避難していた。その後、午後0時半ごろになると雷雨のピークは過ぎ、雨は上がって青空ものぞきはじめた。ただし、まだ遠雷は聞こえていて、襲雷警報器も反応を示していたので、ほとんどの登山者は様子見状態で、まだ行動を再開していなかった。

そのなかを、1パーティ（8人）だけが小屋を出て、山頂へ続く岩場に取り付いた。これに気付いた山荘のスタッフが、拡声器で「まだ危険だから戻ってくるように」と呼び掛けたが、8人はそのまま山頂に向かってしまった。

それから間もない午後1時10分ごろ、槍ヶ岳の山頂に一発の雷が落ち、被雷した60代の男性1人が命を落とした。ほかの7人は無事だった。

雷を予知する

雷は、大気が不安定な状態のときに、積乱雲が発達して雷雲ができることによって発生します。気象状況によっては、夏の午後、毎日のように発生し、ある意味、夏山の風物詩でもあります。しかし、山には雷の格好の標的となるものが多く、しかも避難場所もほとんどないので、山で雷に遭遇すると生きた心地がしません。なるべく早めに予知して、安全な場所に避難するようにしましょう。

雷を回避するためには、テレビやラジオ、インターネットなどで天気予報をチェックし、もし雷雨の予報や雷注意報が出されていたら、予定を早めに切り上げたり行動を控えたりするなど、雷に対処できるようにしておきます。また、午後の早いうちに行動を打ち切ることも対策のひとつになります。そのほか、ラジオのAM放送に激しい雑音が入る、かすかに雷鳴が聞こえる、アラレがパラパラと降ってくるなど、雷発生の兆候にも要注意です。

雷の兆候が現れたら、早急に安全な場所に避難しよう。

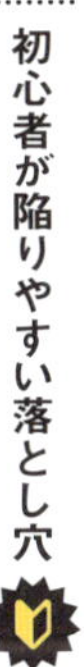

教訓
2
雷から避難する

雷は、雷雲の位置次第でどこにでも落ちる可能性があります。また、雷は高いものに落ちる性質があり、山頂をはじめ尾根筋、岩稜、岩場、高い木など、山は雷の恰好の標的となります。唯一の安全な場所は、山小屋ぐらいです。もし登山中に雷の兆候を感じ取ったなら、一刻も早く最寄りの山小屋に避難しましょう。

不幸にも雷に遭遇してしまい、近くに山小屋もない場合は、少しでも落雷のリスクが低い場所、窪地や谷筋、ハイマツ帯のなかなどに逃げ込みます。避難するときは、なるべく低い姿勢を保って移動しましょう。背負ったザックの上部や、ザックに付けたテントポールやストックなどが頭より上に突き出ているときは、ザックを抱えて避難します。傘をさしたり、ストックなどを頭上高く振り上げたりするのも厳禁です。逃げ込んだ場所では、姿勢を低くしたまま、雷雲が去っていくのをじっと待つしかありません。

雷は高いところに落ちる性質がある。避難するときはできるだけ姿勢を低く保つこと。高く突き出た傘やストックは非常に危険だ。

岩場や岩稜には雷が落ちやすいうえ、岩伝いに雷電流が走って大きな被害をもたらすことも。できるだけ早急にその場を離れよう。

建造物の保護範囲

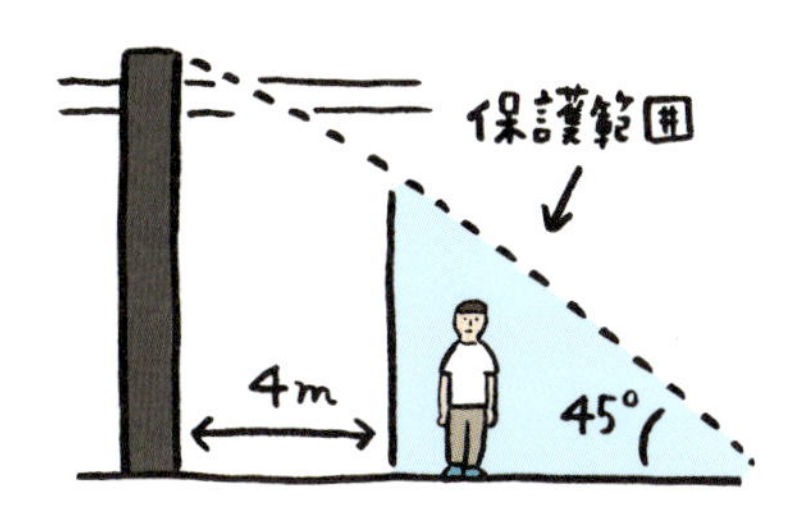

鉄塔や電柱などの高い建造物には保護範囲が生じる。建造物からは4m以上離れること。ただし高さ4m以下の物体には保護範囲が生まれない。

立木の保護範囲

高い木のそばは側撃雷を受ける危険があるが、すべての幹や枝先、葉先から4m以上離れ、木の頂点を45度以上の角度で見上げる「保護範囲」内にいれば比較的安全。

教訓3 保護範囲に逃げ込む

雷は雨を伴うことが多く、心理的に大きな木の下に逃げ込みたくなるものです。しかし、高いものを好む雷は木にも落ちやすく、そのときにそばに人がいると、木に落ちた雷が人に飛び移る側撃雷を受ける危険があります。

こと雷に関するかぎり、〝寄らば大樹の陰〟は通じません。同様の理由で樹林帯のなかも決して安全ではないのです。

ただし、高い木のそばであっても、すべての幹や枝先、葉先から４ｍ以上離れ、木の頂点を45度以上の角度で見上げる範囲内で姿勢を低く保っていれば、比較的安全だといわれています。立木がつくり出すこの安全なエリアを「保護範囲」と呼びます。

保護範囲は、立木のほか鉄塔や電柱などの高い建造物にも生じますが、その際にも物体から４ｍ以上離れなければなりません。また、保護範囲の安全性は１００％ではないし、高さ４ｍ以下の物体には保護範囲が発生しません。

CASE-8 熱中症による多臓器不全で死亡

一ノ倉岳から見た茂倉岳。直射日光を遮るものがない登山道が続く

谷川連峰(たにがわれんぽう)
茂倉岳(しげくらだけ)

猛暑日が続くなかで登山中に熱中症を発症

7月29日の午後1時40分ごろ、新潟・群馬県境に位置する谷川連峰の茂倉岳で、高校山岳部パーティ（山岳部顧問の男性教諭と部員4人の計5人）の高校2年生の男子山岳部員が、下山中に体調不良に陥った。5人はこの日の朝7時半ごろから登山を開始したが、2合目付近を下山しているときに、男子部員が意識朦朧となって倒れたという。

男子部員は119番通報を受けて出動した新潟県警ヘリに救助され、南魚沼市内の病院に搬送された。その後、意識不明の重体となっていたが、8月10日、搬送先の病院で死亡した。死因は熱中症による多臓器不全であった。

この年は7月中旬から全国的に猛暑日が多く、7月29日も午前11時過ぎの時点で34府県に高温注意情報が出され、全国で約1100人以上が熱中症で救急搬送されていた。

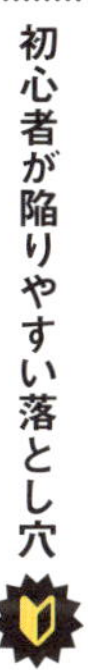

熱中症の症状

人間の体に備わっている体温調節機能が体温の上昇に追いつかず、体にさまざまな異常をきたすのが熱中症です。その発症には、環境（高温、多湿、日差しの強さなど）、体（高齢者、持病、体調不良など）、行動（激しい運動、長時間の屋外作業など）の3つ条件が関与します。

環境省が作成・公開している資料では、熱中症の重症度をその症状によりⅠ〜Ⅲ度までの3段階に分類しています。Ⅰ度の症状は立ちくらみ、筋肉痛、筋肉の硬直、手足のしびれ、気分不良などで、「現場での応急処置で対応できる軽症」とされています。しかし、頭痛、吐き気、嘔吐、倦怠感、虚脱感などの症状が現れると、Ⅱ度の「病院への搬送を必要とする中等症」となり、さらに症状がⅢ度まで進行して、意識障害や全身のけいれん、高体温、肝機能や腎機能の障害などを発症すると、「入院して集中治療の必要性のある重症」となり、死に至ってしまうこともあります。

熱中症の症状と重症度分類 『環境保健マニュアル 2014』（環境省より）

分類	症状	症状から見た診断	重症度
Ⅰ度	**めまい・失神** 「立ちくらみ」という状態で、脳への血流が瞬間的に不十分になったことを示し、“熱失神”と呼ぶこともあります。 **筋肉痛・筋肉の硬直** 筋肉の「こむら返り」のことで、その部分の痛みを伴います。発汗に伴う塩分（ナトリウムなど）の欠乏により生じます。 **手足のしびれ・気分の不快**	**熱ストレス（総称）** 熱失神 熱けいれん	
Ⅱ度	**頭痛・吐き気・嘔吐・倦怠感・虚脱感** 体がぐったりする、力が入らないなどがあり、「いつもと様子が違う」程度のごく軽い意識障害を認めることがあります。	**熱疲労（熱ひはい）**	
Ⅲ度	**Ⅱ度の症状に加え、意識障害・けいれん・手足の運動障害** 呼びかけや刺激への反応がおかしい、体にガクガクとひきつけがある（全身のけいれん）、真直ぐ走れない・歩けないなど。 **高体温** 体に触ると熱いという感触です。 **肝機能異常、腎機能障害、血液凝固障害** これらは、医療機関での採血により判明します。	**熱射病**	

教訓 2

熱中症を予防する

熱中症は、高温多湿の環境下で長時間にわたって激しい運動を行なうときにかかりやすくなります。そういう意味では、夏山登山は潜在的に熱中症の危険が高く、とくに日陰のない炎天下の登山道や、風通しのよくない蒸し暑い樹林帯のなかなどを歩いているときは要注意です。

このような状況下では、帽子をかぶり、通気性のいいウェアを着て行動しましょう。コース上に水場や沢があるのなら、タオルなどを濡らして額や首筋を冷やすと、体温の上昇を抑えるのに効果的です。また、発汗で失われた水分と塩分をこまめに補給することも大事です。脱水症になると熱中症に進行しやすくなるので、喉の渇きを覚えなくても心掛けて水分を摂るようにします。塩分の補給には、スポーツドリンクや塩飴などが有効です。

なお、疲労や睡眠不足、飲酒なども熱中症を誘発させます。山に行くときは体調を整えたうえで臨みましょう。

比較的軽症の場合

風通しのいい木陰などに運び込み、服のボタンやベルトなどを緩めてリラックスした体勢をとらせ、水分と塩分を補給させる。

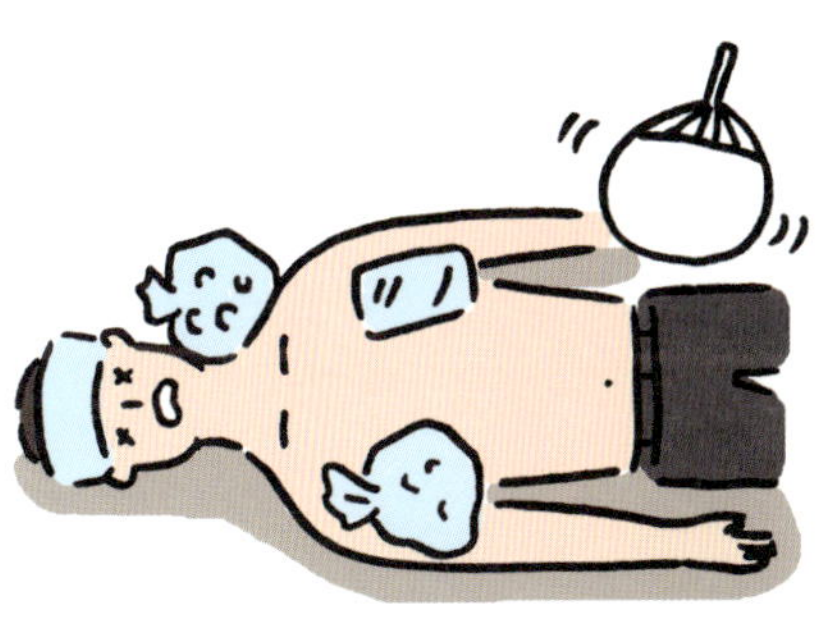

重症の場合

首筋や脇の下、足の付け根など、体表近くに太い静脈が通っている箇所を濡れタオルや保冷剤などで冷やす。うちわであおぐ、水をかけるのも効果的

熱中症にかかったら

熱中症は体温が上昇することによって引き起こされるので、とにかく体を冷やして熱を体外に逃がすことを優先させます。ただし、熱中症の初期症状は、単なる疲労や体調不良のように見えることもあるので、高温多湿な環境下で疲労や体調不良を訴えられたときは、まず熱中症を疑って当事者の様子をよく観察しましょう。

前述のI度の症状が現れたなら、直射日光が当たらない、なるべく風通しのいい木陰などに移動し、体を締めつけているベルトやボタンを外してリラックスさせ、安静を保って充分に休ませます。また、タオルなどを水で濡らし、額や後頭部、首筋、脇の下、足の付け根に当てて、熱を体内にこもらせないようにします。発汗を促すため水分は積極的に補給させますが、塩分も同時に補う必要があります。

症状が重度の場合は、早急に医療機関に搬送しなければなりません。ただちに救助を要請することです。

CASE-9 夏山でも低体温症に

韓国人のツアー登山グループが遭難した中央アルプスの稜線。

中央アルプス

韓国人登山ツアー客3人が低体温症で死亡

7月28日、韓国の旅行会社が企画したツアー登山の参加者20人（40〜70代）が、池山登山口より中央アルプスに入山、空木岳（うつぎだけ）を経て木曽殿山荘に宿泊した。翌29日は朝から風雨となり、山荘のオーナーは「今後さらに風雨が強まる。行かないほうがいい」とアドバイスしたが、一行は朝6時過ぎに山荘を出発、宿泊予定地の宝剣山荘へと向かった。

ところがその4時間後、檜尾岳の手前の大滝山近くで男性ひとりが低体温症に陥って動けなくなってしまう。この男性にリーダー格の2人が付き添ってその場に残り、ほかのメンバーは登山を継続。しかし、しばらくするうちに遅れる者が出はじめ、メンバーはちりぢりばらばらに。最終的に稜線上で3人が低体温症により死亡。さらに宝剣岳付近でひとりが滑落死し、死者は計4人となった。

低体温症の症状

人間のコア温度（体幹部の温度）は、人体の体温調節機能によって37度に保たれています。しかし、寒冷下などで体温調節機能の働きが間に合わなくなり、熱産生と熱放散のバランスが崩れてコア温度が35度以下になると、体にさまざまな弊害が生じてきます。これが低体温症です。

低体温症の要因となるのは「低温」「濡れ」「強風」の3つです。高山では、たとえ夏でも、雨で濡れた体を強風に叩かれれば、瞬く間に低体温症に陥ってしまいます。

登山中に寒さで体が震えたり動作が鈍くなったりするのは、低体温症の前兆です。体温の低下が進むにつれ、よろける、判断力が鈍くなる、細かな手の動作ができなくなる、眠くなるなどの症状が現われます。さらに重症になると、意識が混濁し、筋肉が硬直して歩行や自立ができなくなり、震えも止まって錯乱状態に陥ります。やがて昏睡状態となり、心臓が停止して死に至ってしまいます。

低体温症の重症度と症状

体温	症状
36℃	寒さを感じる。意識は正常。
35～32℃	強い震え。細かい作業ができなくなる。疲労感がある。気力が萎える。転倒しやすくなる。会話が口ごもるようになる。
32～28℃	寒さはおさまらないのに、震えが止まる。判断力が低下する。ふらついて真っ直ぐ歩けない。会話のつじつまが合わない。見当識障害（時間・場所などの感覚が曖昧になる）。手足が自由に動かない。無関心。反応が鈍く眠そうに見える。錯乱状態。
28℃以下	意識消失（昏睡状態）。心室細動などの深刻な不整脈が起こる。心拍数が著しく低下する。心停止。呼吸停止。

これ以前に回復処置をとらなければ急激に症状が進行する可能性があり、緊急を要する

低体温症を予防する

低体温症にかからないようにするためには、万全の防寒・防風・濡れ対策が必要となります。ベースレイヤー（下着）、ミドルレイヤー（中間着）、アウターシェルを上手に組み合わせるレイヤード（重ね着）によって、行動中でも体温を適切に保てるようにしましょう。とくに汗による濡れは低体温症の大きな一因となるので、なるべく汗をかかないようなレイヤードにするとともに、吸汗性・速乾性に優れた素材のベースレイヤーを着用することがポイントです。

悪天候のときは行動しないのがベストですが、どうしても行動しなければならないのなら、なるべく休憩をとらず、無理のないペースで歩きながらエネルギー源を補給します。また、レインウェアや防寒着は面倒臭がらずに早いタイミングで着る、休憩をとる際には体が冷えないように短時間で切り上げる、高カロリーの暖かい飲み物を摂る、防寒用の帽子や手袋を着用することなども心掛けてください。

教訓 3

低体温症にかかったら

低体温症の初期症状とされる震えが始まり、疲労や眠気を覚えるようになったら要注意です。防寒着を着込ませるなど、それ以上体温を下げない処置を速やかにとりましょう。

行動に支障をきたすまで症状が悪化してしまった場合、風雨を避けられる場所に移動し、安静にさせて保温に努めます。服が濡れていたら着替えさせ、レスキューシートなどで体をすっぽりと覆います。暖かい飲み物を補給させるのも効果的ですが、アルコール類やカフェインの入った飲料は血管を収縮・拡張させる作用があるので厳禁です。

症状が進行しているときに、入浴や暖房、マッサージなどで急激に体を温めると、体表部の冷たい血液を体の深部に送り込んでコア温度を低下させることになり、かえって危険な状態を招いてしまいます。お湯を入れた水筒や使い捨てカイロなどを首筋、脇の下、足の付け根に当てて、体のコアを温めるようにしましょう。

CASE-10 高山病で意識不明となり死亡

この白馬岳大雪渓ルートを登る途中で高山病が発症した。

北アルプス・白馬岳（しろうまだけ）

梅雨明けの3連休初日 ツアー登山中に発症

7月19日の午後0時55分ごろ、北アルプス後立山連峰の白馬岳で、60代の男性が登山中に突然倒れ、意識不明に陥った。男性は長野県警のヘリで病院に搬送されたが、約2時間後に死亡が確認された。

男性は長野県内のスポーツ店が主催した登山ツアーに参加。1泊2日の予定で白馬岳に登る予定で、この日の朝、猿倉登山口から入山したが、大雪渓を登っている途中で高山病にかかって体調を崩した。白馬岳の標高は2932mだが、事故発生地点の標高は不明。

なお、この日は海の日を絡めた3連休の初日で、夏休み最初の土曜日となったこと、また東海・関東甲信・北陸・東北で梅雨明け宣言が出たことから、多くの人がレジャーに繰り出したが、海や山で事故が相次ぎ、11府県で7人が死亡し、6人が負傷している。

高山病を予防するために

高度が上がることによって摂取できる酸素が不足し、さまざまな障害が現われてくるのが高山病です。国内では富士山や北アルプスなど3000m級の山々に登るときにかかりやすく、とくに休憩や睡眠を取らずに登る弾丸登山や前夜発日帰り登山などで発症のリスクが高くなります。

主な症状は、倦怠感や虚脱感、食欲不振、吐き気、頭痛、目まい、睡眠障害など。悪化すると高地脳浮腫や高地肺水腫へと進行し、最悪の場合、命を落としてしまいます。

高山病を予防するには、余裕を持った計画を立て、一気に高度を上げるような登り方をせず、ゆっくりと深い呼吸を心掛けながらマイペースで登るようにすることです。水分を充分に補給して新陳代謝をよくする、中腹で一泊して体を高度に慣らすことも、高山病の予防に役立ちます。

なお、有酸素運動は高山病にかかりにくい体をつくるので、日常のトレーニングに取り入れるといいでしょう。

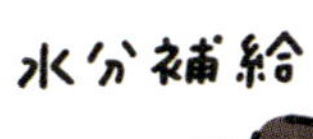

有酸素運動

弾丸登山はしない

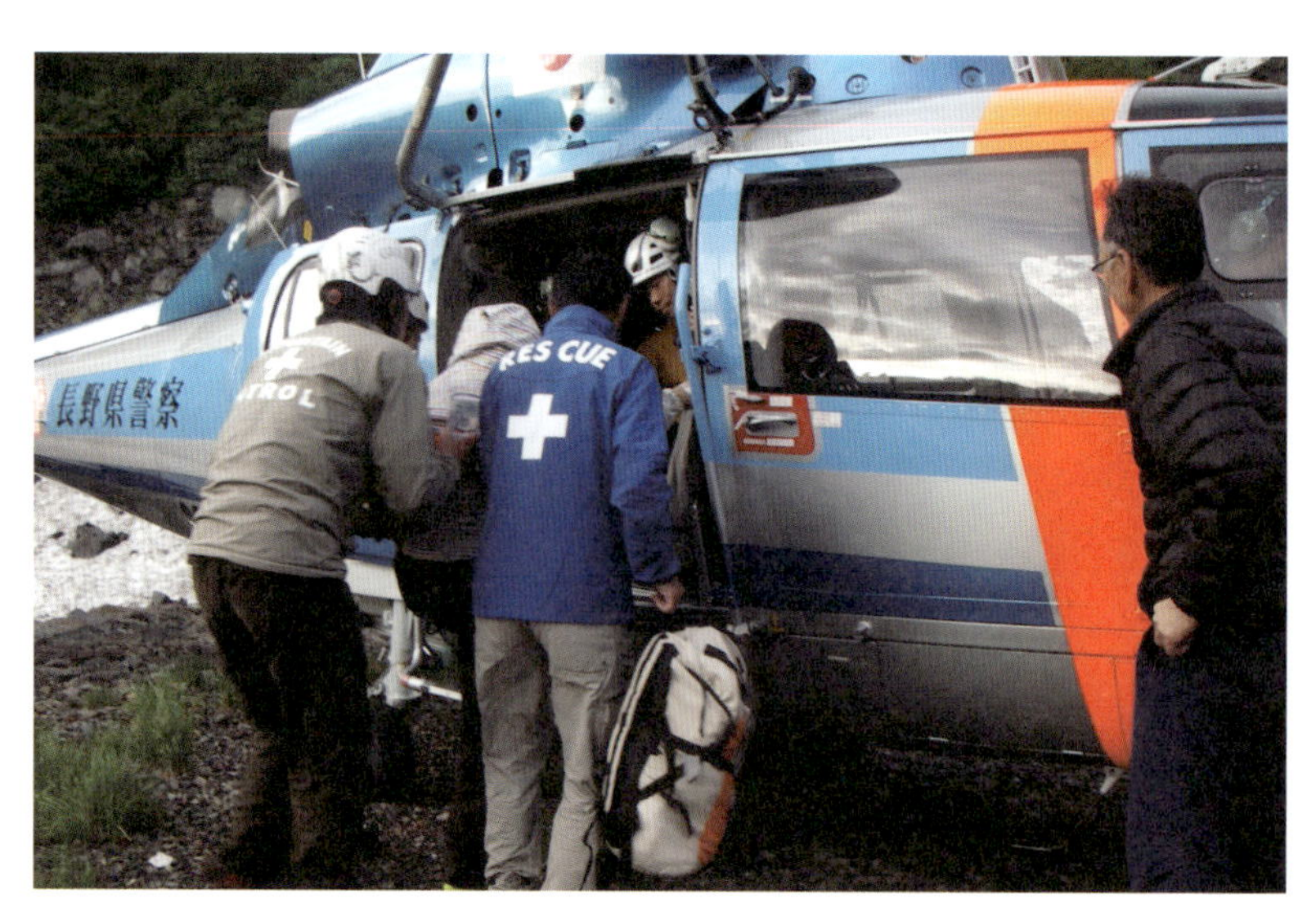

高山病の特効薬は高度を下げること。重症化すると命に関わってくるので、躊躇せず救助を要請しよう。

教訓 2
高山病にかかったら

倦怠感や虚脱感、食欲不振、吐き気、頭痛、目まい、睡眠障害など、高山病の初期症状が現われたら、それ以上高度を上げず、水分を充分に補給して安静を保ち、しばらく様子を見ましょう。初期症状は単なる疲労と間違いやすいので、注意深く様子を観察することが大事です。眠ってしまうと呼吸が浅くなって酸素の摂取量が減り、帰って症状を悪化させてしまいます。

また、アスピリンなどの鎮痛解熱剤や、脳血管を拡張する作用があるダイアモックスの服用も有効です。ただし、ダイアモックスの入手には医師の処方が必要となります。

それでも改善が見られなかったり、症状が進行するようであれば、すぐに下山にとりかかります。下山に勝る高山病の特効薬はありません。標高にして少なくとも２００〜３００ｍ以上、可能ならば５００ｍは高度を下げたいところです。自力歩行ができない場合は、早急に救助の要請を。

急性高山病評価スコア

自覚的症状		スコア
1 頭痛	まったくない	0
	軽度ある	1
	中等度ある	2
	重度・耐えがたい	3
2 消化器症状	まったくない	0
	食欲不振もしくは吐き気	1
	中等度の吐き気もしくは嘔吐	2
	重度の吐き気・嘔吐・耐えがたい	3
3 疲労感・倦怠感	まったくない	0
	軽度ある	1
	中等度ある	2
	重度・耐えがたい	3
4 めまい	まったくない	0
	軽度ある	1
	中等度ある	2
	重度・耐えがたい	3
5 睡眠障害	普段どおり	0
	普段のようには眠れない	1
	数回起きた・睡眠不足	2
	まったく眠れなかった	3
臨床的評価		**スコア**
6 精神状態の変調	まったくない	0
	反応が鈍い	1
	失見当・混乱	2
	無感覚・意識が完全でない	3
	運動失調なし	0
7 運動失調(継足検査)	バランスを維持する	1
	ラインから離れる	2
	転倒する	3
	立っていられない	4
8 末梢の浮腫	なし	0
	1ヵ所のみ	1
	2ヵ所以上	2

Roach RC,et al.The Lake Luise acute mountain sichness scoring system. In:Sutton JR,et al.,eds.,Hypoxia and Molecular Medicine, pp265-271, Queen City Press. 1993

頭痛と他の1項目が該当すると急性高山病の可能性があり、合計が3点以上で急性高山病であると確定する。7点を超過したら高地肺水腫(高山病の一種で、低酸素になることによって毛細血管から血液中の水分が漏出し、肺にたまる病気)の可能性を認識し対処する必要がある。なお、日帰り登山の場合は「睡眠障害」を省略していい。

CASE-11 山頂近くの崖から転落して死亡

岩櫃山・密岩通り登山道の鎖場を3点支持で通過する。

群馬・岩櫃山

人気の上級者コースは事故後、一時閉鎖に

登山愛好者14人のグループが群馬県東吾妻町の岩櫃山を訪れたのは5月14日のこと。一行は午前10時ごろ、JR吾妻線郷原駅近くの密岩通り登山口から登山を開始し、山頂を経て平沢登山口へ下山する予定だった。

ところが、山頂直下の9合目を一列になって通過していた午後0時10分ごろ、後尾にいた60代の男性が幅約1mの登山道から足を踏み外して崖を約100m滑落。県の防災ヘリコプターが出動して男性を救助したが、頭などを強く打っており、約2時間後に病院で死亡が確認された。

岩櫃山の中腹には戦国武将・真田氏の拠点だった岩櫃城跡があり、NHKの大河ドラマ『真田丸』の放送開始以来、多くの登山者が訪れるようになっていた。この事故を受け、密岩通りのコースは一時通行止めとなった。

教訓1 岩場ではストックをしまい3点支持を基本に

険しい岩場や尾根の通過時には、石につまずく、うっかりバランスを崩すなどの些細なミスが命取りになってしまいます。このような危険箇所は、北アルプスなどのような高い山にかぎったものではありません。標高1000m以下の低山にも現れるので、決して甘く見ないことです。

バランスの保持をサポートし、膝への負担を軽減してくれるストックは登山者の強い味方ですが、岩場などを通過するときに持っていると、手が使えなくなってしまいます。逆に転滑落を招きやすくなるので、必ずザックに収納し、3点支持で通過するようにしてください。

また、転滑落事故は、危険箇所だけではなく、危険箇所を通り越してふっと気を抜いたときにも多発しています。わずかでも転滑落の危険がありそうな場所では、自分自身に「油断しないように」と言い聞かせながら、緊張感を保ったまま行動しましょう。

岩場の通過時は、手足4点のうち3点で体を支える「3点支持」が基本。ストックを持っていると手が塞がって岩をしっかり掴めないので大変危険だ。

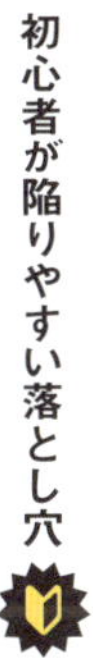

一般登山道であっても、険しい岩場や岩稜があるところではヘルメットを被ろう。
もちろん、転滑落や転倒をしないように行動することも重要である。

教訓 2

ヘルメットを被ろう

2013年6月、長野県山岳遭難防止対策協会は、過去の転滑落・落石事故や地形的条件を考慮し、安全への配慮がとくに必要なエリアや山を「山岳ヘルメット着用奨励山域」に指定し、ヘルメットの着用を提唱しはじめました。

それまでは、ヘルメットといえばクライミングや沢登りなど、リスクの高い登山を行なう際の装備でした。しかし、長野県の取り組みがきっかけとなり、一般登山道であっても、転滑落や落石の危険がある山やコースではヘルメットを着用することがスタンダードになりつつあります。

転滑落、落石、転倒による頭部へのダメージは、致命傷になりかねません。実際、ヘルメットを被っていれば命を落とさずにすんだと思われる事例は数多くあり、逆にヘルメットを被っていたおかげで命拾いをしたという例も報告されています。岩場や岩稜のある山に行くときには、個人装備として是非ヘルメットを携行するようにしてください。

樹林帯でも油断は禁物

転滑落の危険があるのは、険しい岩場や岩稜帯ばかりとはかぎりません。一見、安全そうに見える樹林帯のなかにも、転滑落の危険が潜んでいます。

たとえば山腹をトラバースするようにつけられている登山道は、片側が谷に落ち込んでいます。場所によっては人ひとりがやっと通れるぐらいの幅しかない箇所もあり、そんなところで足を踏み外したり石につまずいたりすると、谷底へ転落してしまいます。実際、下の写真の場所ではいずれも死亡事故が起きています。また、露岩混じりの急傾斜の道では、うっかり露岩の上に足を置くとスリップして転滑落することがあるので、充分に注意してください。

なお、狭い登山道で対向者とすれ違う場合は、山側に体を寄せて待機しましょう。谷側に避けていて、すれ違うときに体やザックが当たると、バランスを崩して谷底へ落ちてしまいます。

片側が谷に落ち込んでいる道幅の狭い登山道では、確実な足さばきを心掛けたい。このような道に落ち葉が積もっていると、落ち葉で足を滑らせたり、隠された石につまずいたりして転滑落してしまうこともあるので要注意。

CASE-12 木の根で滑って転倒・骨折

露出した木の根は非常に滑りやすい。不用意に足を置かないように。

北アルプス・薬師沢

自力で山小屋に戻るも歩行不能と判断

8月11日の午前9時30分ごろ、北アルプス立山連峰の薬師沢付近の登山道（標高約2050m地点）で、40代の男性が木の根を踏んで転倒し、左足を負傷した。

男性は登山仲間ら7人パーティで前日に折立から入山。この日は薬師峠キャンプ場にテント泊し、翌朝の午前6時半ごろキャンプ場を出発。雲ノ平から鷲羽岳を経て三俣蓮華岳へと縦走し、14日に下山する予定だった。

負傷後、男性は自力で太郎平小屋まで登り返し、小屋で1泊してケガの様子を見ていたが、翌朝、痛みが引かず自力での歩行は困難と判断して救助を要請した。男性は富山県の防災ヘリで病院へ搬送されたが、左足首の骨折と診断された。

薬師岳や雲ノ平周辺では、木道や木の根などで滑って転倒する事故が目立っている。

濡れた木の根や木道に要注意

遭難事故要因のなかで、ひと昔前からじわじわと比率を上げてきているのが転倒です。街では、道路で転んでもちょっと擦り傷を負う程度で済みますが、山では大ケガにつながることも少なくありません。両側が切り立った岩尾根の上で転倒すれば、即、命取りになってしまいます。

日常生活での歩き方と山での歩き方は、根本的に異なります。転倒事故が増え続けているのは、「足裏全体で着地する」という、基本的な山の歩き方が身についていないからかもしれません。初心者は、登山教室などに参加して歩き方の基本を学ぶことをお勧めします。

なお、雨などで濡れた木道や木の根は大変滑りやすく、不注意にその上に足を乗せると、勢いよくつるっと滑ってしまいます。通過時には充分注意して、慎重に歩を進めるようにしてください。不安な人は、登山用具店で市販されている濡れた木道用の滑り止めを用いるといいでしょう。

雨に濡れた木道は大変滑りやすい。気を抜かずに一歩一歩慎重な足運びを。

CASE-13 増水した沢で流される

増水時の事故現場。事故当時はもっと水量が多かったという。

ふだんの南沢。水はほとんど流れておらず難なく通過できる。

北アルプス・南沢（みなみさわ）

無理矢理渡ろうとして濁流に呑まれて死亡

数日前から雨とガスの悪天候が続いていた7月7日の朝方、岐阜県側からの槍ヶ岳への登山拠点となる槍平小屋周辺では、急に雨足が強まり、ゲリラ豪雨のような激しい雨が1時間ほど続いた。そのしばらくあと、30代の男性単独行者が槍ヶ岳方面から下りてきて、槍平小屋を通り過ぎていった。

小屋のすぐ下で、登山道は南沢を横切るようにつけらている。その南沢は、ふだんはほとんど涸れているのだが、そのときは様相が一変し、川幅4mほどの濁流が渦巻いていた。そこで男性登山者はザックから取り出したロープを岩に結び付け、そのロープに捕まって沢を渡りはじめた。ところが激しい流れを受けてロープを手離し、濁流に飲み込まれてしまった。男性の遺体が発見されたのはその翌日のこと。死因は脳挫傷だった。

水量が減るまで辛抱強く待つ

近年は夏山シーズンを中心に、増水した沢での徒渉に失敗して命を落とすという事故が目立っています。水の力を甘く見てはいけません。「なんとか渡れそうだ」と思っても、流れは予想以上に速く強いものです。流れに足をすくわれてしまうと、自力脱出も救助も非常に困難です。

沢を横切るコースや沢沿いにつけられているコースでは、悪天候時に沢の水量が増えていたら、無理矢理渡ろうとしてはなりません。最寄りの山小屋まで引き返すなどして水が引くまで辛抱強く待つか、時間がかかっても危険の少ない迂回コースに回るかすべきです。

とくに下山時には判断に迷うかもしれません。帰りの交通機関を予約していたり、翌日に重要な仕事が控えていたりすると、無理したくなる気持ちもわかります。しかし、帰ることを優先させて命を落としてしまったのでは、元も子もありません。絶対に強行突破はしないでください。

CASE-14 家族とはぐれ道迷い

三峯神社奥宮のある妙法ヶ岳への参道は完全な登山道だ。

秩父・妙法ヶ岳

ひとり遅れて道に迷い 5日後に救助される

9月1日の午後1時半ごろ、10代の男性が母親、兄、親類2人の計5人で秩父を訪れ、三峯神社から入山した。妙法ヶ岳を目指して三峯神社から入山した。ところが下山中に男性とほかの4人が離れ離れになり、携帯電話で「転んだので休んでから下山する」と伝えたのち、男性の行方がわからなくなってしまった。

家族からの届け出を受けて、埼玉県警の山岳救助隊や秩父署員らが捜索を開始し、5日後の9月6日、遭難地点と見られる場所から直線で約1.8㎞離れた清浄の滝付近で、横たわっている男性を発見した。男性はTシャツにジーンズの軽装で、食料や雨具などは携行していなかった。発見時は低体温症などの症状が見られ衰弱していたが、大きなケガもなく命に別条はなかった。

遭難当日は豪雨だったといい、家族と離れ離れになったのち、道に迷ったようだ。

教訓 1

メンバーの足並みをそろえる

登山中に同じパーティの仲間がばらばらになってしまうことの危険性は、よく指摘されるところです。お互いの姿が見えなくなるまで間隔が開いてしまうと、万一誰かにアクシデントが発生しても、フォローし合うことができないばかりか、アクシデントの発生にさえ気付かないことが起こりえます。そうなったらもうパーティは分裂しているに等しく、パーティを組んでいる意味はまったくありません。

パーティを組んで登山をする場合、いちばん遅い人にほかの仲間が歩くペースを合わせるのが基本です。たしかに歩くペースはみな均一ではありませんし、足並みが揃うことのほうが珍しいぐらいですが、多少の間隔が開いたとしても、終始お互いに目が届く距離の範囲内で行動するようにしましょう。また、ファミリー登山では元気な子供が先行しがちになりますが、姿が見えなくなるまで離れないよう、親は充分に注意してください。

教訓
2

先に行かないで待つ

登山中に同じパーティのメンバーが離れ離れになってしまう原因は、歩くペースの違いだけではありません。たとえばトイレに行きたくなったとき、ウェアを着脱するとき、靴紐を締め直すとき、携帯に電話がかかってきたときなど、つい「先に行ってて」と言ってしまうものです。しかし、トイレや携帯電話などで仲間よりもちょっと遅れたメンバーが、仲間に追いつこうとする途中で滑落し、あるいは道に迷い、命を落としてしまったという事故も実際に起きています。

パーティのメンバーが仲間とわずかに離れた隙にも事故は起こりえます。もちろん用を済ませている間、ぴったりとそばについている必要はありませんが、「先に行ってて」という言葉を鵜呑みにせず、少し離れた場所で待つようにすべきです。目的地に着いてみたら、「あれ？　○△さんがいない！」というような事態は、絶対に避けましょう。

山のなかでの待ち合わせはNG

前述したように、歩くペースの違いから間隔が開いてしまうのはよくあることですが、最初からペースの違いが明白なときに、「じゃあ山小屋で待ち合わせね」というように、集合場所を決めておいて別行動することがあります。あるいは、コースが直登コースと巻き道コースの二手に分かれて再度合流するような場合、合流地点で待ち合わせることにしてパーティが二分することもよくある話です。

しかし、再三言うように、山ではなにが起きるかわかりません。万一のときにパーティとして対処できるよう、メンバーは常に同一行動をとるべきです。

また、パーティのなかで体調不良者が出たときにも、絶対にひとりで下山させてはなりません。それが取り返しのつかない事態につながってしまうこともあるのです。そんなときは山行を中止して全員で下山するか、少なくともほかのメンバーを付き添わせて下山させるようにしましょう。

CASE-15 落石に巻き込まれて滑落・死傷

4月下旬の荒島岳。中荒島岳あたりから山頂方面を見る。

福井・荒島岳（あらしまだけ）

一般ルートではない残雪の谷で突如の落石

4月12日の午後12時20分ごろ、日本百名山のひとつである荒島岳を登山していた40～60代の男女5人パーティが、下山中に落石に巻き込まれ、4人が滑落した。

事故後、滑落を免れた男性が自力で下山して通報。福井県の防災ヘリが出動して4人を救助したが、約30m滑落した60代の男性が全身を強く打つなどして死亡。ほかの3人は15mほど滑落し、うち40代の女性にケガはなかったものの、60代の男女2人が踵を骨折する重傷を負った。

この日、5人は登山届を提出後、午前6時から登山を開始し、山頂南側の荒島谷川沿いの急斜面を5人並んで下山している途中で事故に遭遇した。現場は荒島谷川に架かる「まぼろしの大垂（おおたる）」と呼ばれる滝の近くで、通常の登山ルートではなく、周辺にはまだ雪が残っていたという。

上部への警戒を怠りなく

山での落石には、自然発生的なものと人為的なものの2つがあります。自然発生的な落石は、雪解けや梅雨、大雨などで地盤が緩んだときに多発しています。人為的な落石は、登山者が岩場やガレ場、岩稜帯などを通過する際に誘発されて起こります。

落石の危険がある場所では、絶えず上部に気を配るとともに、自分が落石を起こさないよう慎重に行動しましょう。岩場やガレ場では、ルートを外れると浮石（不安定な状態の石）が多く落石が起きやすいので、忠実にルートをたどるようにしてください。もし落石があった場合には、できるかぎり石から目を離さずに、当たる直前に身をかわして回避します。断続的な落石なら、すばやく岩陰に隠れたり、ザックで頭部をカバーしたりして身を守るしかありません。自分が落石を起こしてしまったときは、「ラーク！」と大声で叫んで後続の登山者に知らせましょう。

岩場などで上部に登山者がいるときは、落石の直撃を受けない場所で待機しながら、登山者の動きから目を離さないようにすること。

CASE-16 ツアー登山に参加したのに遭難

ツアー登山でも事故は起こる。自分の命は自分で守ろう。

北アルプス・槍ヶ岳（やりがたけ）

細い稜線を縦走中にバランスを崩して滑落

北アルプス表銀座縦走の登山ツアーに夫婦で参加していた70代の男性が、8月26日の午前8時15分ごろ、槍ヶ岳の東鎌尾根を登山中に、バランスを崩して約100m滑落。長野県の防災ヘリが男性を救助したが、全身を強く打っており、間もなく死亡が確認された。死因は出血性ショックであった。

ツアーの一行16人は、24日に中房（なかぶさ）温泉から入山。燕岳～槍ヶ岳の表銀座コースを縦走し、27日に上高地へ下山する予定だった。事故現場は稜線上の細い登山道で、男性は列の後方を歩いていたという。

なお、この事故の翌年7月20日、長野県山岳遭難防止対策協会は、全国旅行業協会宛に「ツアー登山の安全確保について（依頼）」と題した文面を送り、「ツアー登山を実施する上での配慮事項」の周知と協力を呼び掛けた。

保証されない安全
自分の命は自分で守る

ツアー登山は、いわゆるツアー旅行の行き先を観光地から山に変えたもので、計画の立案から行き帰りの交通手段の手配、宿泊する山小屋の予約までを旅行会社がお膳立てしてくれます。参加者は個人装備を持って集合場所に集まるだけでよく、添乗員やガイドのあとについていけば、登りたかった山の山頂に立つことができます。

ツアー登山に参加するいちばんのメリットは、安全を確保してもらいながら、気軽に山に登れることです。それによって山に対する不安が軽減され、登山の敷居が低くなります。これから登山を始めようとする人や経験の少ない人にとっては、山を知るいい機会になるはずです。

しかし、ツアー登山に参加しているからといって、安全が100%保証されるものでは決してありません。その顕著な例が、P24で取り上げた大雪山系トムラウシ山での大量遭難事故です。これほど大きなものではありませんが、ツアー登山中の事故は少なからず起きています。ツアー登山を企画・催行する旅行会社には、参加者の安全を守るための「安全配慮義務」が課せられているので、本来なら事故はあってはならないことです。しかし、自然のなかで行動する登山には常に不確定要素がついてまわり、ときに人間の想像を超えて猛威を振るうこともあります。そんななかでガイドや添乗員が判断を誤れば、たちどころに参加者は危機に直面することになってしまいます。

トムラウシ山での事例が示すように、万一、そうなったときには、誰も助けてくれません。最終的に自分の命を守れるのは、自分しかいないのです。

もともと登山というものは、自分で計画を立て、準備を整え、自分の足で歩き、自分の頭で判断し行動するものです。しかし、ツアー登山はいわゆる〝連れられ登山〟であり、そこからから抜け出せないのは、登山の楽しみや醍醐味を自ら放棄していることになります。

ツアー登山を活用して山に登るのは悪いことではありませんが、目指すべきは、自分の命は自分で守れる、自立した登山者です。それを忘れないでください。

CASE-17 縦走中に消息を絶った単独行者

空木岳の池山尾根にはハシゴや鎖が連続する難所も現れる。

中央アルプス・空木岳（うつぎだけ）

誰にも気づかれず2年後に遺体で発見

2013年4月28日、60代の単独行の男性が中央アルプスに入山した。事前に提出された登山届によると、2泊3日の日程で千畳敷から檜尾岳、熊沢岳を経て空木岳まで縦走する予定だった。ところが5月10日になって男性の車が長野県駒ヶ根市内の駐車場で見つかったことから、下山せずに行方不明になっていることが判明。警察や消防ヘリが出動して捜索が行なわれたが手掛かりは得られなかった。

それから2年以上が経過した2015年9月、空木岳池山尾根の小荒井沢付近で登山者が白骨化した遺体を発見して警察に通報した。人骨は10月に県警ヘリによって回収され、所持品やDNA鑑定などから、2年前に消息を断っていた単独行男性であることが判明した。遭難要因は転滑落と思われるが、詳細については明らかになっていない。

単独行のデメリット

ひとりで山を歩く単独行は、老若男女を問わず、根強い人気があります。その最大の魅力は、誰にも気兼ねせず、自分のペースで自由気儘に登山を楽しめることにあります。

しかし一方で、登山中に起きるすべてのことに対して、自分の責任で対処しなければなりません。たとえば、ケガをして動けなくなってしまっても、誰に頼ることもできないわけです。携帯電話が通じるか、他の登山者がそばを通りかかれば助けを求めることもできますが、たまたま誰も通りかからず、携帯電話も圏外だったら、もうどうすることもできず、その場でただじっと救助を待つしかありません。こうした場合、たとえ登山届を提出していても、救助の初動は遅れがちになり、助けられるまでに時間がかかるので、重傷度や致命率が高くなってしまいます。前ページで取り上げたのが、まさにその典型的なケースです。これこそが、単独行のいちばんのデメリットでしょう。

単独行のデメリット

1. 事前の計画立案や段取りなどを**ひとりで行なわなければならない**
2. 判断を迫られたときに**相談できる相手がいない**
3. アクシデントが発生しても**誰も助けてくれない**
4. 救助活動の**初動が遅れがち**になる
5. 遭難したときの**致命率が高い**

致命率が高い単独行

パーティを組んでいる登山者の遭難事故は、事故発生時点で仲間が通報するので、救助隊がすぐに救助活動に取りかかれます。しかし、単独行者の遭難事故の多くは、「下山予定日を過ぎても帰ってこない」という家族からの届け出によって発覚するため、事故発生からすでにある程度の時間が経過しており、そのぶん救助活動の初動が遅れます。

それでも登山届が出されていれば、範囲を限定しての捜索が可能ですが、未提出だとどこの山に行ったのか、どのコースをたどったのかわからないので、もうお手上げです。警察としても捜しようがなく、交通機関や山小屋などをしらみつぶしに当たっていき、手掛かりを集めてようやく行き先を突き止め、捜索に着手したものの時すでに遅し。もっと早く発見されていれば助かっていたかもしれないのに、というケースがあとを絶ちません。

ある程度の経験を積んできた単独行者は、そのリスクを充分に承知しているので、リスクマネジメントをしっかり行ないますが、初心者はただ「気楽だから」「自由気儘だから」といった理由でひとりで山に入っていってしまいます。最初から単独行のリスクを認識していないのだから、なにかあったときに対処できないのも当然のことでしょう。

国内で発生している遭難事故のなかで単独行者の事故が高い割合を占めていること、パーティを組むよりも単独行のほうが遭難したときに最悪の結果を招きやすいことは、警察庁の統計からも明らかです。

また、ある山岳救助隊員はこう言っていました。

「インターネットで募集した見知らぬ人たちのパーティだろうが、単独行者同士が山で出会って即席に組んだパーティだろうが、ひとりで山を歩いてもらうよりはよっぽどマシ。とにかく単独行はやめてほしい」

遭難救助活動は、大掛かりになればなるほど、長期化すればするほど、救助隊員への負担は増大し、また危険な状況にさらされる確率も高くなります。それを考えると、救助関係者がことあるごとに「単独行はやめましょう」と言っているのは、仕方のないことだと思います。

登山届の提出は、単独行者に求められる最低限のリスクマネジメントのひとつ。その有無が生死を分けることもあるので、かならず提出すること。

教訓3 単独行で遭難しないために

単独行は、パーティを組んで山に登るよりもはるかにリスキーです。そのことを認識し、山行中に起こりうるすべてのことに、自分ひとりで対処する覚悟のある人だけに、単独行は許されるのです。

万一の事態に対処できるだけの経験と技術は当然として、なにより危険を回避するための慎重な行動や的確な判断力が、単独行者には求められてきます。それだけの力が備わっていない人は、仲間といっしょに山に登ることからはじめ、ある程度の経験を積んでから徐々に単独行に切り替えていくといいでしょう。また、いきなり未知の山に登ろうとせずに、最初のうちは以前訪れたことのある山・コースを歩くようにすれば、リスクを軽減させられます。

もちろん、事前のリスクマネジメントも重要になってきます。山岳保険に加入するとともに必ず登山届を提出し、家族にも登山計画書を渡したうえで山に向かいましょう。

CASE-18 冬の丹沢で単独行者が行動不能に

太平洋側の低山も、冬に南岸低気圧が通過したときなどは雪山と化す。

丹沢（たんざわ）

記録的な大雪の影響で下山できず救助要請

登山歴数年という30代の男性が、単独で丹沢に入山したのは2月16日の朝のこと。男性は秦野市渋沢の登山口から登りはじめ、野営しながら塔ノ岳や丹沢山などの主脈を縦走した。

しかし、想定外の積雪のため、予定していた清川村宮ヶ瀬方面に下山できなくなり、相模原市緑区鳥屋の林道に出たところで力尽き、18日の午前10時20分ごろ、「歩けなくなった」と119番通報して救助を求めた。救助された男性は衰弱しているが命に別条はなく、「ひとりで冬山を楽しみたいと思って入山した。ご迷惑をおかけしました」と語ったという。

この年は2月に入って立て続けに南岸低気圧が通過し、関東甲信地方には記録的な大雪が降った。丹沢山中には場所によって1m以上の積雪が残っていたという。

教訓1 冬山のリスク

冬山登山は、ほかのシーズンと比べると自然条件がいっそう厳しくなるため、より周到なリスクマネジメントが求められます。気象状況によっては、冬でもほとんど雪のない太平洋側の低山にドカ雪が降ることもあり、甘く見ていると前ページの事例のように痛い目に遭うこともあるので、充分に注意してください。

冬山で最も警戒しなければならないのは「寒さ」です。ただでさえ気温が低い冬、山では標高が高くなればなるほど、寒さは厳しくなります。たとえば標高3000mに満たない八ヶ岳あたりでも、厳冬期にはマイナス20℃まで気温が下がります。この寒さに対する対策ができていないと、低体温症や凍傷を招くことになってしまいます。

そしてもうひとつの大きなリスクが「雪」です。山の斜面に積もった雪は、転滑落事故を引き起こす大きな要因となるほか、雪崩となって登山者に襲いかかってくることもあります。想定外の大雪で進退きわまり、やむなく救助を要請したという話も近年はよく耳にします。

このほか、冬山では強風にも注意が必要です。低体温症や凍傷は、吹きさらしの稜線などで強風にさらされたときにかかりやすくなります。また、天候や場所によっては、ときに人間を吹き飛ばすほどの突風が吹くこともあり、過去には突風による登山者の死亡事故も報告されています。

西高東低の冬型の気圧配置になったときや低気圧の通過時には、これらのリスクがセットになって山は大荒れの天候となります。冬山で行動中に猛吹雪に見舞われたりしたら、それこそ状況は最悪です。近くに逃げ込める山小屋もなく、吹雪のなかを彷徨っていたずらに体力を消耗し、最後には力尽きて低体温症で命を落としてしまうというのが、冬山でのよくある遭難パターンです。とくに日本海側の山岳地では悪天候が1週間以上続くこともあり、その間は救助活動も行なえません。また、低山や中級山岳では、たとえ吹雪にはならなくとも、積雪で登山道が隠されることによる道迷い遭難事故が多発しています。それだけ冬山の自然条件は厳しいものと心得ておきましょう。

冬山登山は、より総合的な技術や知識が求められる。雪上歩行技術、アイゼンワーク、ピッケルワークなどのほか、気象学や雪崩学についても学ぶ必要がある。

教訓2 冬山で遭難しないために

登山は、低い山から高い山へ、無雪期の山から積雪期の山へと、徐々にステップアップしながら技術や知識を学んでいくのが原則です。「夏に富士山に登ったから、じゃあ次は雪山だ！」と短絡的に考えてしまう初心者もいるようですが、まず無雪期の山で充分に経験を積んだうえで、冬山にチャレンジするようにしてください。

雪山に登るためには、アイゼンワークやピッケルワークなど、雪山ならではの技術を身につける必要があります。冬山初心者は、雪山講習会に参加するなどして、基本技術をしっかりマスターしておきましょう。

また、前述したとおり、冬山でいちばん怖いのは悪天候です。悪天候下では、転滑落、ルートミス、低体温症、凍傷、雪崩などの危険性が格段に高くなります。山行前には天気予報をよくチェックして、山行当日に天気が悪くなりそうだったら、計画を延期・中止するのが賢明です。

3

経験者でも遭難する

第3章

こんな経験者が危ない

一般的に、山での遭難事故は、技術・知識・経験が不充分な初心者に多いようなイメージがあります。しかし、必ずしもそうとは言い切れません。

下のグラフは、2014年に長野県山岳総合センターが遭難者に対して行なったアンケート調査の結果です。回答者74人のうち、登山経験が10年以上の人は38人。遭難者の半分以上（約51％）が登山歴10年以上のいわゆるベテラン登山者で、そのうち32人が年齢60歳以上でした。

登山歴が長いベテラン登山者だからといって、遭難事故を回避できるわけではありません。逆に技術・知識・経験があるぶん、過信や油断、慢心を招きやすくなり、それが大きなミスへとつながってしまいます。たかだか十数年の経験など、自然の猛威の前ではまったく役に立たないこともあるのです。

避難者の年齢と登山歴（2014 年調査）

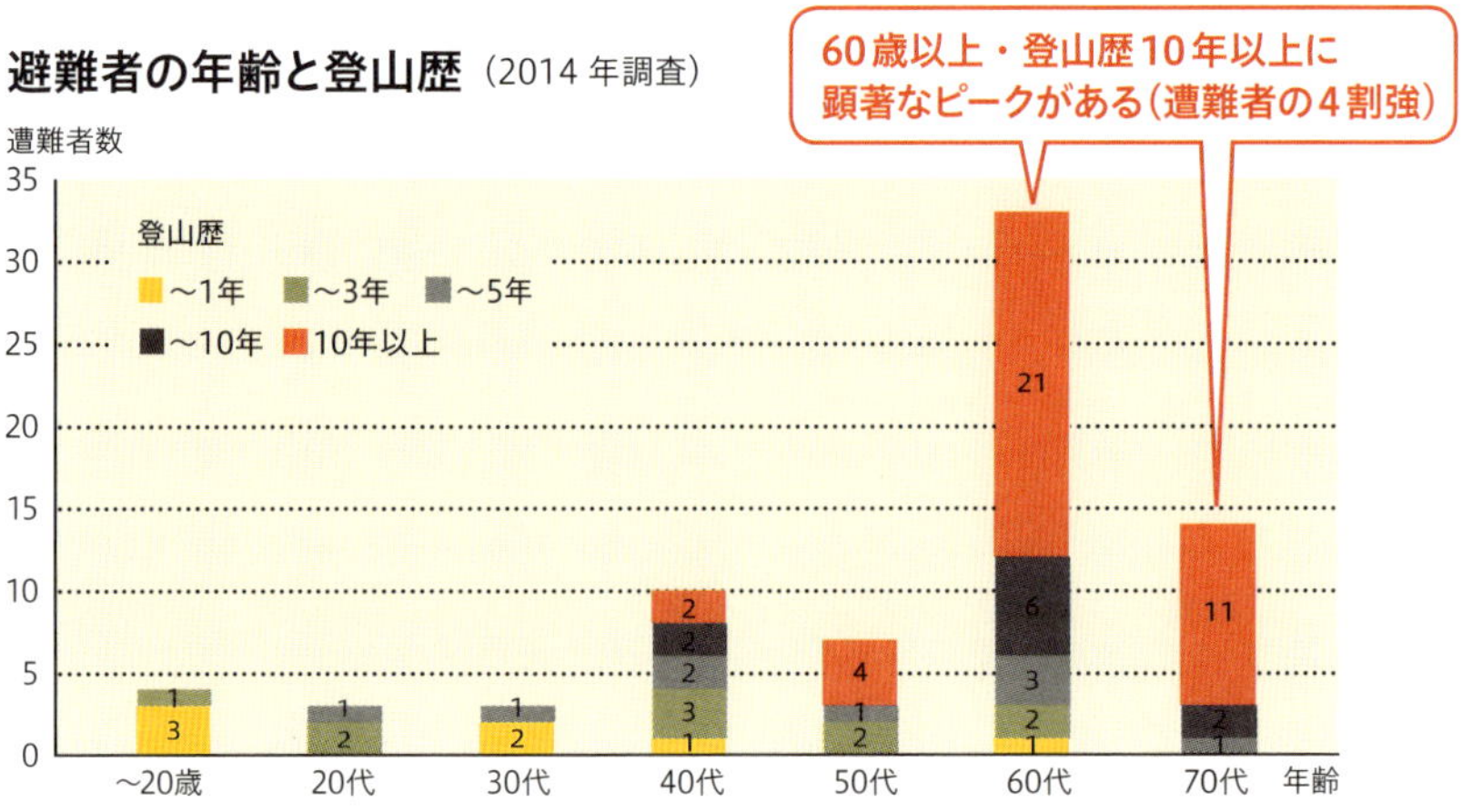

遭難者数
35
30
25
20
15
10
5
0

登山歴
～1年 ～3年 ～5年
～10年 10年以上

年齢	～1年	～3年	～5年	～10年	10年以上
～20歳	3	1			
20代		2	1		
30代	2		1		
40代	1	3	2	2	2
50代		2	1		4
60代	1	2	3	6	21
70代			1	2	11

60歳以上・登山歴10年以上に顕著なピークがある（遭難者の4割強）

60歳以上・登山歴10年以上（いわゆるベテラン32名の様相）

・「健康は良好」が83%
・「トレーニングをしている」は94%
「ウォーキング」が最多（63%）
・「年間登山日数」は約25日
・「コースタイム通りに歩ける」は66%
・「同世代より体力があると思う」は75%
・「力量は妥当」が78%

事故後の反省として…
・「体調・体力が足りなかった」が58%

こんな人は要注意！

CASE-19 足取りが不明で捜索が長期化

東吾妻連峰の吾妻小富士。遭難者はこの山の麓を周回したと見られている。

吾妻連峰

メモを残し行方不明に4ケ月後に遺体を発見

5月31日、60代の男性が日帰りの予定で福島市土湯温泉町の仁田沼駐車場からひとりで吾妻連峰に入山した。その2日後の6月2日、仁田沼近くの住民から「駐車場に車が停められたままになってい る」と連絡が入り、福島署が捜索を開始した。

男性は自宅を出る際に「吾妻連峰に行く」というメモを残してきたが、家族が留守にしていたことで初動が遅れたようだ。5日には吾妻小富士の南側の谷から男性のストックが見つかったが、捜索は難航。キノコ採りの地元の人によって白骨遺体が発見されたのは、9月に入ってからで、DNA鑑定の結果、行方不明になっていた男性であることが確認された。

男性は大学時代にワンダーフォーゲル部に所属し、遭難するまでの数年間は年20～30回の山行を重ねていたという。

登山計画書を家族に残す

登山歴の長い人や山行回数の多い人にありがちなのが、登る山やたどるコースをはっきりと家族に伝えないで家を出てきてしまうことです。「ちょっと奥多摩の山に行ってくる」「3泊4日で南アルプスに行ってくる」などというように大雑把な行き先だけしか告げないのは、本人も家族もまさか遭難するとは思ってもいないからなのでしょう。

しかし、その時点でもう油断や慢心が生じています。どれほど経験豊かな登山者でも、遭難事故を100％回避することはできません。万一、事故に遭遇して下山できなくなってしまうと、P108でも解説したように、誰にも行き先が特定できないので、捜索は困難を極め、長期化します。そうやって行方不明になったまま、いまだに発見されていない遭難者が、全国各地の山に少なからずいるのです。

たとえ日帰りの山行であっても、せめて家族には登山計画書を残してから家を出るようにしましょう。

CASE-20 道に迷って山中を17日間彷徨

双六岳～三俣蓮華岳のトラバース道の様子。上のほうで稜線の道に合流する。

北アルプス・三俣蓮華岳（みつまたれんげだけ）

沢を下るもほぼ無傷で奇跡の生還を果たす

8月13日、60代の女性が新穂高温泉から笠ヶ岳を目指して単独で北アルプスに入山した。計画では笠ヶ岳から双六岳、三俣蓮華岳、黒部五郎岳、北ノ俣岳と縦走して、16日に富山県の折立へと下山することになっていた。ところが14日、双六小屋から三俣蓮華岳へ向かう途中、いつの間にか登山道を外れて東側の沢のほうへと迷い込んでしまった。

女性は、岩陰でビバークしながら沢を下っていった。夜はすべてのウェアを着込み、レスキューシートにくるまって暖をとった。行動食を少しずつ食べながら飢えをしのぎ、食料がなくなってからは沢の水を飲んで腹を満たした。

ようやく女性が救助されたのは、遭難して17日目の8月30日のこと。たまたま近くを通りかかったガイド登山の一行が、岩陰で助けを求める女性を運よく発見したのだった。

正常性バイアスが認知を遅らせる

山を歩いていて登山道を外れてしまったとき、必ずどこかで「あれ、おかしいぞ。この道でいいのだろうか」と感じることがあるはずです。その時点で、たどってきたルートを引き返していけば、すんなり正しいルートに戻ることができます。しかし、その「引き返す」ことがなかなかできません。まるでなにかに吸い寄せられるように、そのまま道なき道へと入り込んでいってしまいます。

引き返せない理由のひとつに、「正常性バイアス」が働くことが挙げられます。正常性バイアスとは、ある程度までの異常を異常と感じず、正常な範囲内のものとして処理する心のメカニズムのことです。正常性バイアスは、過度の緊張によって心に余計な負担をかけるのを防ぐ一種の安全装置のようなものですが、道に迷ったときにこのバイアスが働くと、リスクを敏感に感知する妨げとなり、それを回避するチャンスを失してしまうことになるのです。

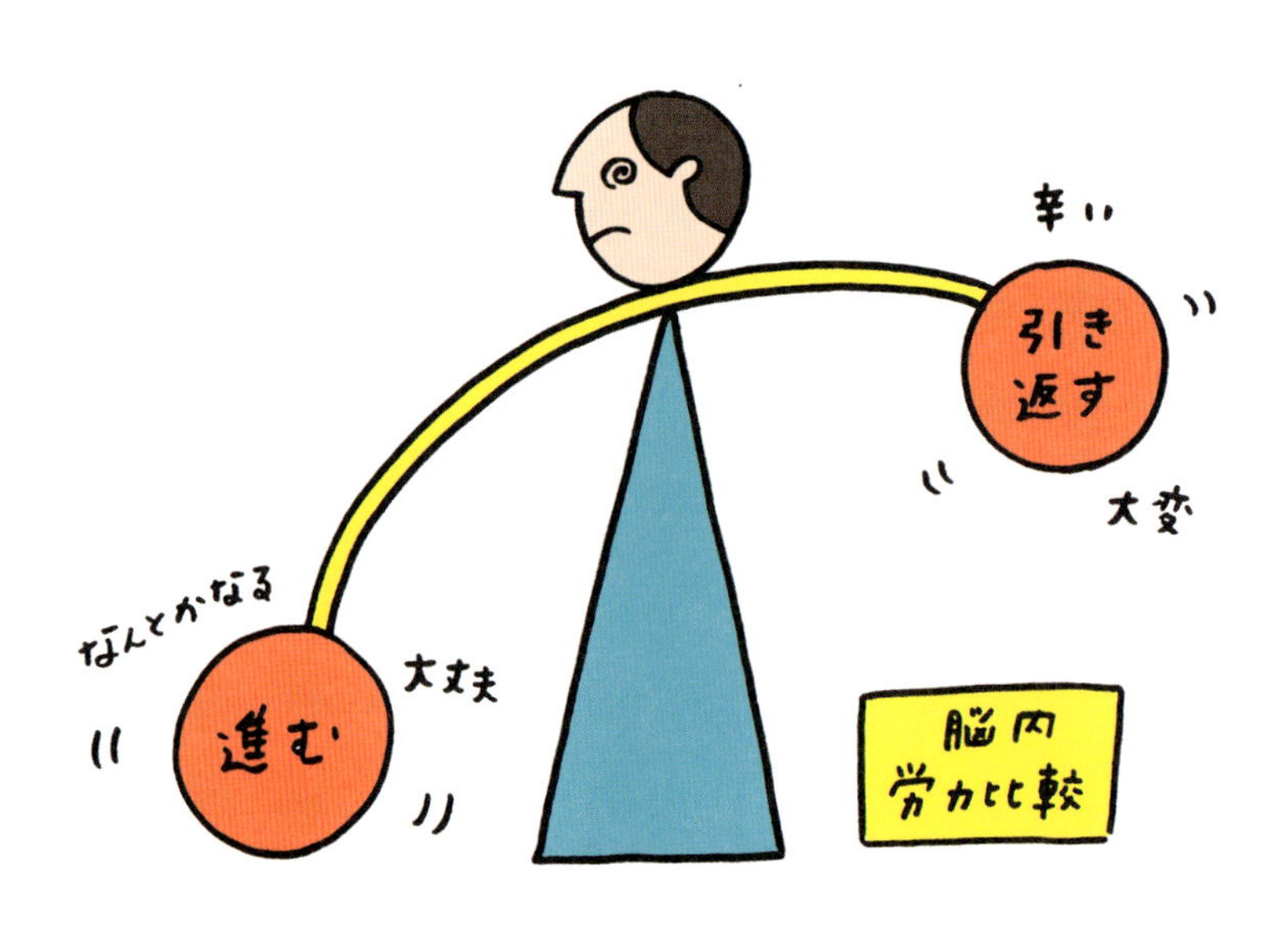

教訓 2

突き進む労力と引き返す労力

山で道に迷ったときに、引き返すことがいちばん安全で確実な方法であるはずなのに、なかなかそこへ思いが至りません。引き返すというのは、労力を二倍かけながら正しいルートを外れた地点まで戻ることであり、迷っている間に使った労力は、ある意味、無駄になってしまうわけです。それは嫌だから、つい「このまま進んでいってもどうにかなるだろう」と考えて突き進んでしまいます。

人はそれまでにかけてきた労力が大きければ大きいほど、これからかかるであろう労力を相対的に小さく考える傾向にあるそうです。来た道を引き返してまた最初からやり直す労力に比べたら、強引にでも進んでしまう労力のほうが小さいはずだと思ってしまうのです。とくに体力に余裕のない中高年層は、「余計な体力を使いたくない」という気持ちが強く、なかなか引き返す決断ができません。

引き返す決断をするのは今

人間は物事を楽観的にとらえがちで、たとえば今の状況がよくなるのか悪くなるのかを考えるときも、なるべく自分の都合のいいように考える傾向にあります。これを楽観主義バイアスといいます。

ですから山で道に迷ったときも、引き返す決断が下せず、「このまま進んでもなんとかなるだろう」と思ってしまいます。しかし、山では今やらなければならないことを先送りにすると、どんどんリスクが積み重なっていき、最後には重大な事故が引き起こされることになります。

「楽をしたい」「面倒臭い」「どうにかなるだろう」など、引き返すことを妨げる心理はさまざまですが、決断を迫られる場面で最も重要なのは、「今ここでやらなかったら、いつやるんだ」ということです。山では「今やるべきこと」は先延ばしせずに今やる」ことが、リスクの回避につながっていくのです。

CASE-21 体力低下に伴う疲労で行動不能に

急登が続く登山道ではペース配分に注意が必要だ。写真は雨の柏原新道。

北アルプス・爺ヶ岳

仲間をサポートした負担増で脚に異変が

7月21日、60代の男性が15人のメンバーを引率して後立山連峰の爺ヶ岳を訪れ、扇沢から柏原新道をたどりはじめた。ところが、出発して間もないモミジ坂の急登の途中で、60代の女性がほかのメンバーのペースについていけなくなった。このため男性が女性のザックを持って歩き、予定よりも1時間ほど遅れて急登終了点に着いた。

ここでしばらく休憩したのち、行動を再開したのだが、すぐに右の股関節に違和感を感じ、やがてそれは激痛となって右脚に広がった。水分と塩分を補給し、薬も飲んだが症状は治らず、男性は完全に行動不能に陥ってしまった。

その間に宿泊予定の種池山荘に到着したメンバーが小屋を通じて救助を要請し、男性は出動した救助隊員に背負われて下山。途中で回復したのちは自力で歩いて下った。

歳をとるほど遭難しやすくなる

誰しも歳をとるに従い、体力は低下します。日常的なトレーニングによって、ある程度維持することはできますが、それでも若いころと同じようにはいきません。

下の図は、長野県の山岳総合センターと山岳遭難防止対策協会が発表したレポートに掲載されている統計です。これによると、70歳代の登山年齢分布率が5・2%なのに対し、30歳代は20%ですが、遭難年齢分布率は70歳代が17・2%、30歳代は6%となるなど、20歳代以上では歳を重ねるにつれて遭難するリスクが大きくなっていることがはっきりと数字に表れています。

また、「遭難のしやすさ」を数値化したデータでは、20歳未満が1・24、20歳代0・29、30歳代0・30、40歳代0・82、50歳代0・81、60歳代1・74、70歳代以降3・31となっており、やはり20歳代以降は年齢とともに遭難しやすくなることが読み取れます。

平成25年（7〜9月）登山年齢と遭難年齢の分布

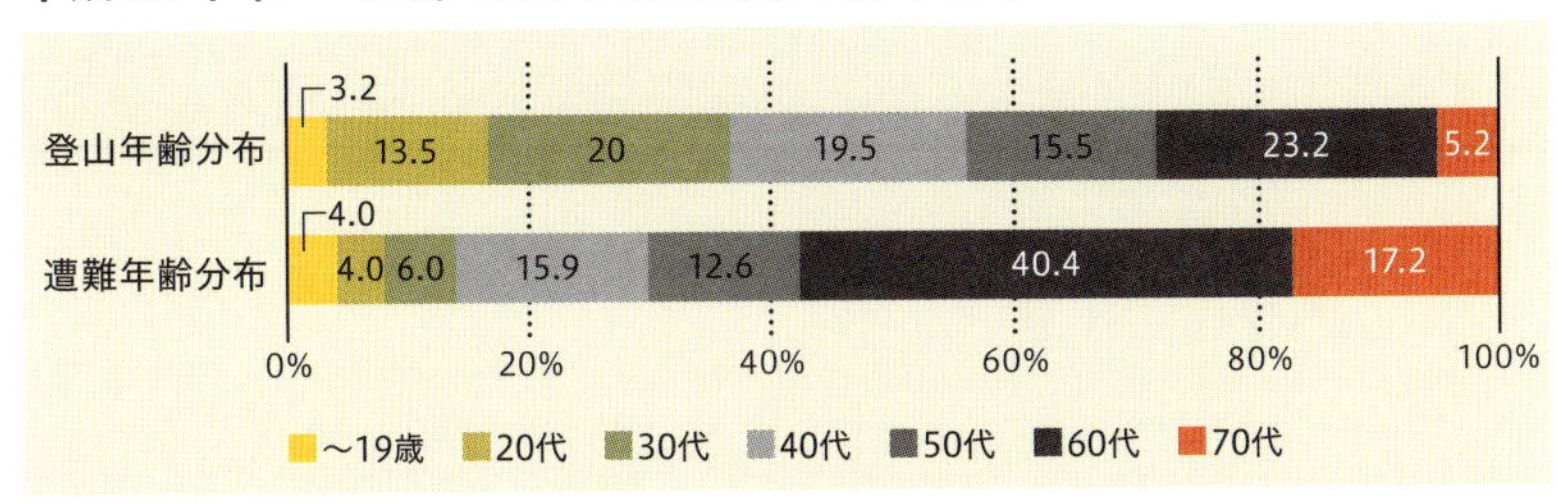

※調査対象数　登山者数 446人（山岳総合センターアンケート調査）
遭難者数 151人（長野県警察本部山岳遭難統計）山菜採りなどの遭難を除く

遭難のしやすさ

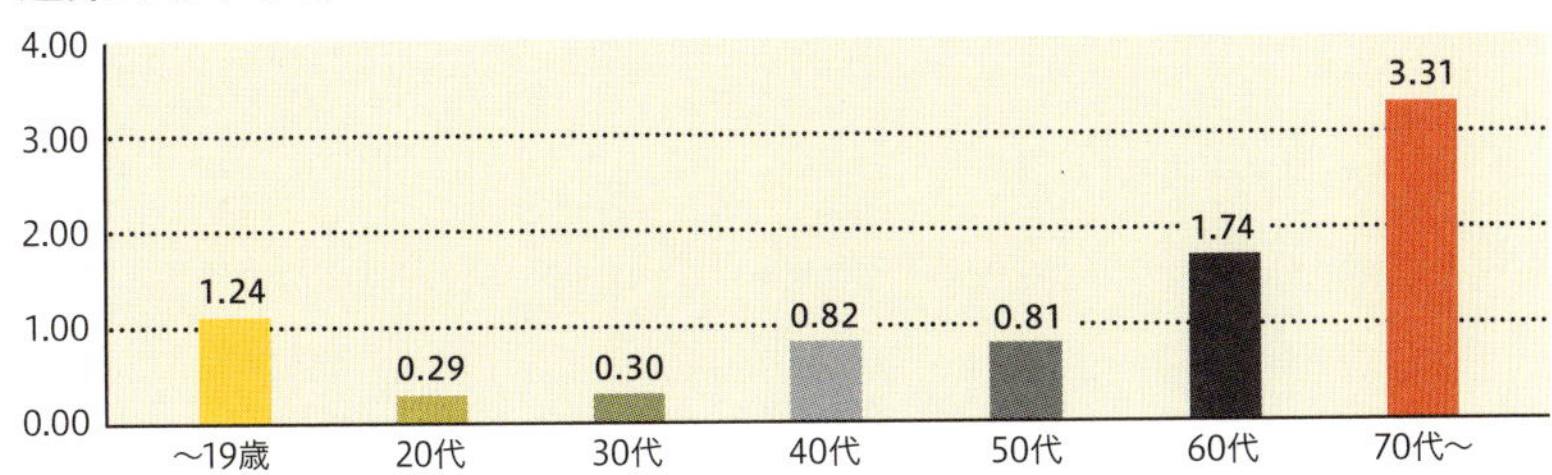

「遭難年齢分布率÷登山年齢分布率」を「遭難のしやすさ」と定義し、数値化したもの。数値が人きいほど遭難しやすい。

教訓2

若いころのようには登れない

遭難事故を起こさないために、自分の力量に合った山・コースを選ぶことの重要性については、前に述べたとおりです。しかし、若いころから山に登ってきた中高年登山者は、自分の体力レベルをなかなか客観的に把握できません。というのも、経験が豊富なぶん、しっかりした技術が身についているので、ある程度までの体力の低下は技術でカバーできるため、「自分はまだまだ大丈夫」と思ってしまうからです。しかし、それにしても限度はあり、70歳になってなお20歳代の若者と同じペースで歩くのはまず難しいでしょう。石につまずいてバランスを崩しそうになったときに、若いころなら踏みとどまってリカバーできるかもしれませんが、歳を重ねるごとに足の踏ん張りが利かなくなり、転倒や転滑落するリスクは徐々に高くなっていきます。

そうしたことは、自然の摂理であり仕方がないのですが、いちばんの問題はそれを自覚しているかどうかでしょう。

心拍数を計測して体力レベル評価に利用

遭難のリスクを軽減させるには、現在の自分の体力レベルを客観的に評価し、それに見合った山・コースを選んで登ることが重要になってきます。そのために心拍数を計測するのもひとつの手です。心拍数の計測には、心拍センサーを内蔵した腕時計を利用するのが手軽で便利です。

登山は最大心拍数の75％以下を保って歩くようにするとオーバーペースにならないと言われています。最大心拍数は「220－年齢」で求められます。たとえば60歳の人なら、「(220－60)×0・75」となるので、120拍／分以下のペースで歩き続けるようにすればバテにくいというわけです。そのときの所要時間を、ガイドブックや登山地図の標準コースタイムと比較してみましょう。もし大幅に時間がかかっているようなら、体力レベルに合っていないことになるので、もうちょっと楽に登れる山・コースを選んだほうが賢明です。

CASE-22 夜間行動中に落石が直撃

剱岳山頂から望む北方稜線。険しい岩稜での夜間行動はリスクが高い。

北アルプス・剱岳（つるぎだけ）

日没後、野営地を探しているときの事故

7月20日の午後8時40分ごろ、剱岳の長次郎ノ頭（ちょうじろうのかしら）付近で行動していた登山者から富山県警に「仲間が落石を受けて滑落した」との通報があった。これを受け、富山県警山岳警備隊が夜明けを待って出動。滑落現場から約5m下の岩壁と雪渓の隙間で、巨大な岩（横約1m、縦約2m、幅約60㎝）の下敷きになっている42歳の男性を発見・救助したが、死亡が確認された。

男性は3人パーティで19日に室堂（むろどう）から入山。20日は長次郎谷を詰めてチンネ左稜線を登攀したが、途中でルートを誤るなどして時間をロスし、登攀終了時には夕方になっていた。その後、3人は剱岳本峰を目指したが、途中で日没となってしまい、ビバーク地を探してルンゼ(険しい岩溝)状の箇所を通過しているときに落石が起き、亡くなった男性のみが巻き込まれた。

暗くなる前にビバーク地を探す

なんらかのアクシデントによって行程が予定どおりに進まず、下山できなかったり目的地にたどり着けなかったりした場合には、山中でビバークすることになります。

その際にもっとも大切なのが状況判断です。前ページの事例のように、無理して夜間も行動していると、転滑落や落石の危険が増大します。それを避けるために、リーダーは残りの行程と日没までの時間、それにメンバーの体力などをよく考え、「無理そうだ」と思ったら早めにビバークを決断します。日が暮れてしまうと、場合によっては危険な場所でのビバークを強いられることになってしまうので、暗くなる前にビバーク地を探すようにしましょう。

ビバークに適している場所は、なるべく平坦で、風雨が避けられる樹林帯や潅木帯のなか、岩陰などです。増水の危険がある沢沿い、転滑落や落石が起きそうな斜面や崖のそば、風雨をまともに受ける尾根上や山頂はＮＧです。

こんな場所はビバーク地に適さない

CASE-23 悪天候下で計画を強行して遭難

三国境付近で救助活動を行なう長野県警のヘリコプター。

北アルプス・白馬岳

急変した悪天候に6人が力尽きる

5月4日の朝5時ごろ、60～70代の男性6人のパーティが白馬岳を目指し、栂池ヒュッテを出発した。予定コースは白馬乗鞍岳～小蓮華山～白馬岳で、この日は白馬山荘に宿泊することになっていた。ところが、出発時には無風で青空ものぞいていた天候が、午後になって急変した。北アルプス一帯がまるで厳冬期のような猛吹雪に見舞われたのである。

その猛吹雪のなかで消息を絶った6人は、翌日の朝、白馬岳北方の三国境付近を通りかかった登山者によって発見され、のちに全員の死亡が確認された。死因はいずれも低体温症であった。6人は、ひとりを除いた5人が経験豊富なベテランで、海外の高峰の登頂経験者もいた。また、防寒具やツエルトを所持するなど、必要充分な装備を用意していたという。

悪天候を過小評価しない

登山経験が豊富な人は、天気がいいときばかりではなく、悪天候下で行動したことも少なからずあるはずです。「天気が悪くても行動できる」というのは、大事な登山技術のひとつですが、そうした経験が逆に「以前もこんな天気のときに登ったことがあるから大丈夫」といった油断につながってしまう場合もあります。あるいは、天気予報をチェックしても「そう大きくは崩れないだろう」と判断してしまうかもしれません。

いわゆるベテラン登山者のなかには、前述した楽観主義バイアスがかかって、悪天候の予報を過小評価してしまう人もいるようです。しかし、悪天候といっても、いつも同じような状況だとはかぎりません。山でひとたび天気が崩れると、想像をはるかに超えた荒れ方になることも珍しくなく、そうした状況下で多くのベテラン登山者がこれまでに命を落としています。

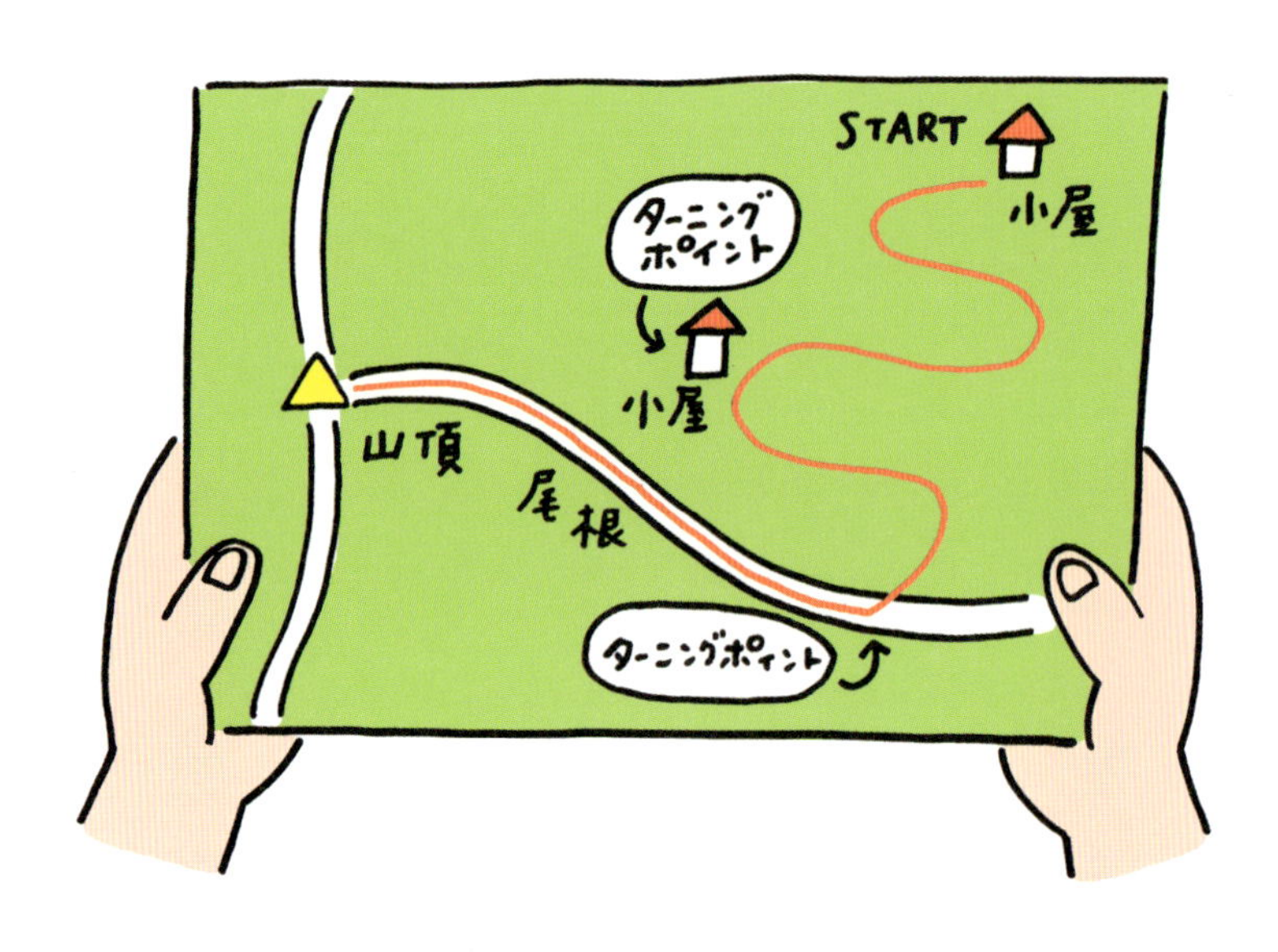

ターニングポイントを決めておく

登山中に天候が急変した場合は、無理をせずに最寄りの山小屋やエスケープルートに避難しましょう。

問題は、途中に山小屋やエスケープルートのない、長いルートをたどっているときです。その中間地点のあたりで悪天候に見舞われたら、進むにしても戻るにしても時間がかかり、より危険な状況に陥る可能性が高くなります。

そのようなルートをたどる場合は、事前にターニングポイントを何ヶ所か決めておきます。ターニングポイントとは、引き返すか計画どおり進むか、あるいは安全地帯に滞まるかを判断する地点で、山小屋や稜線に出たところなどに設定します。そこに到着したら、残りの行程や天候、メンバーの体調などを総合的に考慮して、進退の判断を下すわけです。最終ターニングポイントで「進む」という判断を下したら、もう引き返せません。とくに大所帯のパーティは行動時間が割増となるので、より慎重な判断が必要です。

4 救助を要請する

第4章

救助要請の判断

登山の大原則は〝自己責任〟です。誰に強制されたわけでもなく、自ら好きで山に登る以上、登山中に発生したアクシデントに対しても自分たちで対処し、最終的に自力で下山するのは、登山者の義務といえます。

昨今は、ただ「疲れたから」といった理由で救助を要請する登山者の存在が問題になっています。しかし、どんな救助活動にも危険は伴いますし、レスキューヘリはタクシーではありません。自分たちで最善を尽くそうとしない、安易な救助要請は厳に慎むべきです。

とはいえ、「自己責任で」とばかり言っていられない現実があるのもたしかです。自分たちで解決することにこだわって無理をすると、場合によっては事態を悪化させるばかりか、取り返しのつかない結果を招いてしまうことにもなりかねません。もし「自分たちの手に負えそうもない」と判断したら、躊躇せずに速やかに救助を要請しましょう。

登山は自力下山が原則だが、無理だと判断したら速やな救助要請を。

救助要請の流れ

山岳遭難事故における救助活動は、チームレスキューとセルフレスキューの主に2つに分けられます。チームレスキューとは、警察や消防、民間などプロフェッショナルな救助隊による救助活動のことです。一方のセルフレスキューは、チームレスキューの到着を待つ間に、傷病者の容態をそれ以上悪化させないように、パーティの仲間が行なう最善の処置のことをいいます。救助活動の成否は、適切なセルフレスキューが行なわれ、速やかにチームレスキューへの引き継ぎができるかどうかにかかってきます。

下のフローチャートに示したとおり、事故が発生したら、まずは現場の状況を確認し、転滑落や落石などの危険がある場合はメンバーを安全な場所へ移動させます。続いて傷病者を救出し、安全な場所に運び込んで、必要に応じた応急手当を行ないます。この段階で自力救助は困難と判断したなら、速やかに救助を要請することです。

事故発生から救助までの流れ

- 事故発生
- ← 現場の状況確認
- ← 他のメンバーの安全確保
- ← 傷病者の救出
- ← 安全な場所への搬送
- ← 傷病者の容態確認
- ← 応急手当
  - → 自力搬送・下山
- ← 救助要請
- ← より安全な場所への搬送・待機
- ← チームレスキューへの引き継ぎ

救助要請チャート

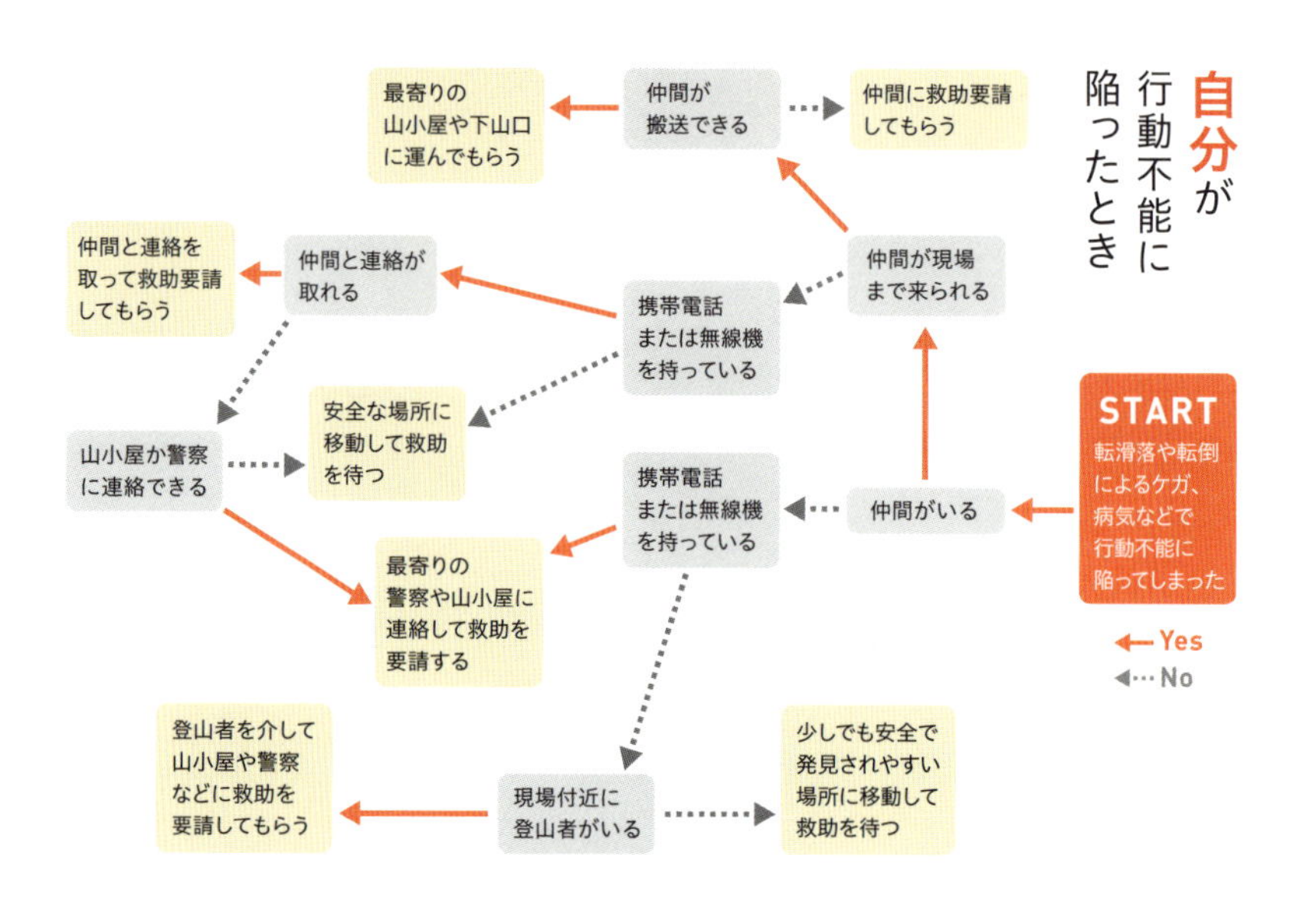

自分が行動不能に陥ったとき
START
転滑落や転倒によるケガ、病気などで行動不能に陥ってしまった
仲間がいる
仲間が現場まで来られる
仲間が搬送できる
最寄りの山小屋や下山口に運んでもらう
仲間に救助要請してもらう
携帯電話または無線機を持っている
仲間と連絡が取れる
仲間と連絡を取って救助要請してもらう
山小屋か警察に連絡できる
安全な場所に移動して救助を待つ
携帯電話または無線機を持っている
最寄りの警察や山小屋に連絡して救助を要請する
現場付近に登山者がいる
登山者を介して山小屋や警察などに救助を要請してもらう
少しでも安全で発見されやすい場所に移動して救助を待つ
Yes
No

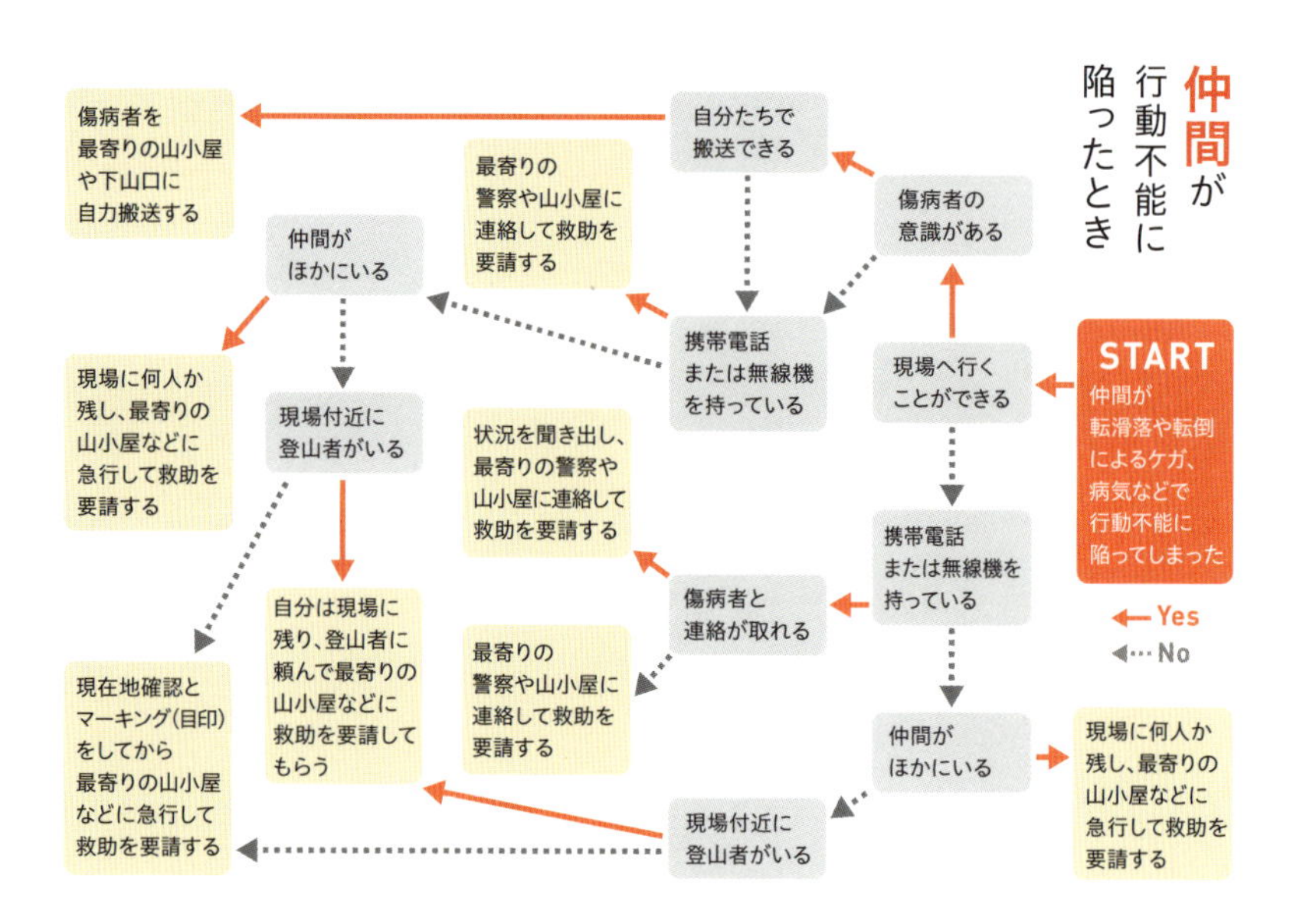

仲間が行動不能に陥ったとき
START
仲間が転滑落や転倒によるケガ、病気などで行動不能に陥ってしまった
現場へ行くことができる
傷病者の意識がある
自分たちで搬送できる
傷病者を最寄りの山小屋や下山口に自力搬送する
携帯電話または無線機を持っている
最寄りの警察や山小屋に連絡して救助を要請する
仲間がほかにいる
現場に何人か残し、最寄りの山小屋などに急行して救助を要請する
現場付近に登山者がいる
自分は現場に残り、登山者に頼んで最寄りの山小屋などに救助を要請してもらう
現在地確認とマーキング(目印)をしてから最寄りの山小屋などに急行して救助を要請する
携帯電話または無線機を持っている
傷病者と連絡が取れる
状況を聞き出し、最寄りの警察や山小屋に連絡して救助を要請する
最寄りの警察や山小屋に連絡して救助を要請する
仲間がほかにいる
現場に何人か残し、最寄りの山小屋などに急行して救助を要請する
現場付近に登山者がいる
Yes
No

救助要請の連絡手段

今日、国内の山岳遭難のチームレスキューは警察が中心になって行なわれており、救助要請は携帯電話で直接110番通報すればOKです。その場にいない家族や友人を介しての通報は、必要な情報が正確に伝わらず混乱を招く恐れもあるので、やってはなりません。

山岳地帯での携帯電話の通話可能エリアは、年々広がってきていますが、山域や場所によってはつながらないこともあります。もしつながらない場合は、電波を受信しやすいピークや尾根上などに移動して試してみることです。

どうしてもつながらなければ、パーティのメンバーを伝令として最寄りの山小屋下山口に向かわせるか、通りかかる登山者をその場で待つしかありません。

なお、携帯電話のバッテリーの消耗を抑えるため、必要なとき以外は電源をオフにするとともに、予備バッテリーや充電器も必ず持つようにしましょう。

救助要請時に伝える内容

- □ 遭難者の氏名・年齢・連絡先・所属団体
- □ 救助要請者の氏名・連絡先・所属団体
- □ 事故発生時間・場所
- □ 遭難者の容態
- □ ヘリコプターを要請するかしないか
- □ 山岳保険への加入の有無
- □ 現場との通信手段
- □ 登山届の有無

応急手当

救助を待つ間には、傷病者を安全な場所に移動させて、傷や容態が悪化しないように、応急手当を施す必要があります。この応急手当が適切に行なわれれば、救命率が上がるとともに、予後の回復やリハビリもスムーズに進みます。

捻挫や骨折などケガ全般の応急手当の基本となるのは「RICE処置」です。これは「安静」「冷却」「圧迫」「挙上」の英語表記の頭文字をとったもので、現場ではこのRICE処置を行なっておき、救助後に専門医療機関で診察・治療してもらうことになります。とくに「安静」と「挙上」は傷の悪化を防いで痛みを軽減させる効果があるので、意識して行なうといいでしょう。「圧迫」するときは循環障害に、「冷却」は冷やし過ぎに注意することです。

止血法や心肺蘇生法などの基本的な応急手当のノウハウについては、各地の消防署や日本赤十字社、山岳団体などの講習会を受講することをお勧めします。

RICE／応急手当の基本

REST(レスト)
休養のこと。速やかに運動を中止し、全身や患部を安静に保つことによって傷病の回復を早める。

ICING(アイシング)
冷却のこと。患部を冷やして痛みを緩和し、発熱や腫れを抑止する。山では沢の水や湧き水、雪渓などを利用する。

COMPRESSION(コンプレッション)
圧迫のこと。テーピングテープや三角巾などで患部を圧迫することにより、腫れや炎症、内出血を抑制する。

ELEVATION(エレベーション)
挙上のこと。患部を心臓よりも高い位置に上げてその状態を保つことで、患部の腫脹を防止する。

応急手当の講習会は、学んだことを忘れないよう数年に一度は受講するといい(写真は山岳医・千島康稔氏の講習会)。

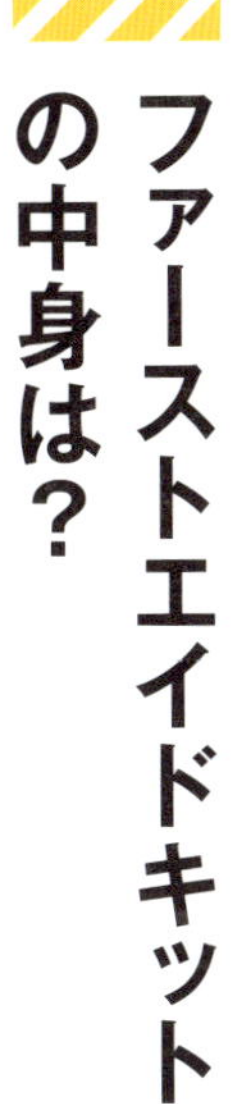

ファーストエイドキットの中身は？

ファーストエイド（救急用品）キットは、登山中のケガや病気などに備え、応急手当のための薬品類やツールなどを必要最小限にまとめたものです。三角巾、テーピングテープ、救急絆創膏、痛み止め、虫刺され薬、抗ヒスタミン軟膏、湿布薬、ピンセット、ポイズンリムーバーなど、自分にとって必要だと思われる薬品類を小さなポーチや防水ケースなどに入れて携行しましょう。

このなかでも三角巾とテーピングテープは捻挫や骨折の応急処置だけではなく、ほかのケガの手当てや登山用具の一時的な補修など、いろいろな用途に使えるので、必携のアイテムです。心肺蘇生に使用する人工呼吸用のフェイスシールドマスクや、感染症防止用の手袋も加えておきたいところです。薬品類は、必要な量をピルケースやジッパー付きのビニール袋などに小分けにして持つといいでしょう。基本的にファーストエイドキットは個人装備とします。

ファーストエイドキットの一例。①救急絆創膏 ②三角巾 ③滅菌ガーゼ ④風邪薬、痛み止め ⑤消毒綿 ⑥胃腸薬 ⑦テーピングテープ ⑧安全ピン ⑨感染症防止用手袋 ⑩ポイズンリムーバー ⑪ペットボトルのキャップ ⑫ピンセット ⑬収納ポーチ

止血法

傷口が心臓より高くなる位置で止血するといい。片手での圧迫で血が止まらないときは、体重を乗せながら両手で圧迫する。

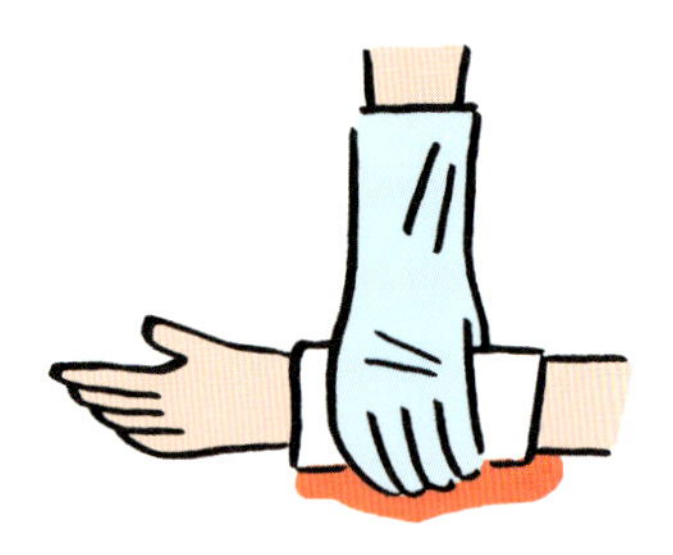

清潔なタオルやガーゼなどを傷口に当て、手で強く直接圧迫して止血する。感染防止のために手袋やビニール袋を着用すること。

心肺蘇生法

人工呼吸

傷病者の額を押さえながら顎を引き上げて気道を確保し、鼻をつまんで口から息を吹き込む。息を吹き込んだときに傷病者の胸が持ち上がるのを確認すること。

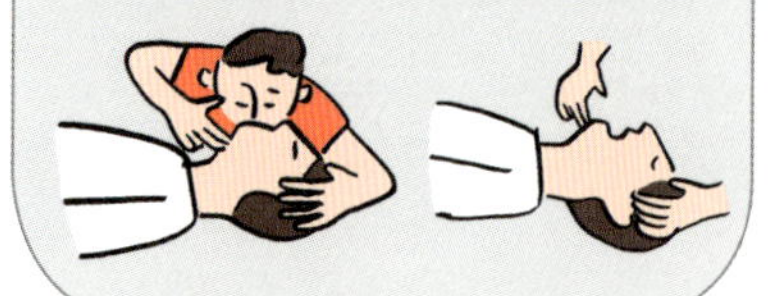

胸骨圧迫

呼吸が確認できなければただちに胸骨圧迫(心臓マッサージ)を。胸が約5～6cm沈み込むように強く、1分間に100～120回のテンポで圧迫する。

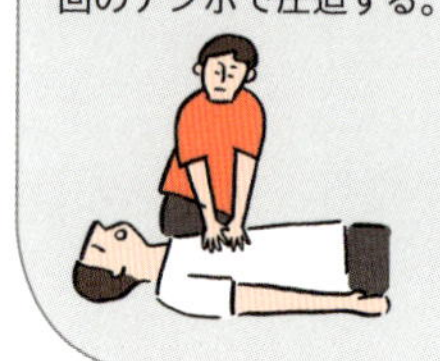

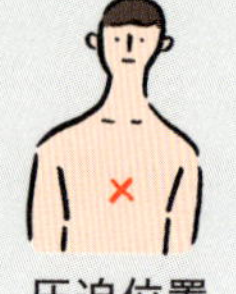

圧迫位置

チームレスキューが到着するまで、胸骨圧迫30回と人工呼吸2回を交互に繰り返す。ただし、自信がない場合は人工呼吸を省略し、胸骨圧迫のみを続ける。

骨折の応急手当

骨折箇所の両端の関節間の長さよりも長い副木を当て、三角巾やテーピングテープなどで固定する。副木はサム・スプリント、ストック、応急ギブスなどを用いるといい。

腕の固定

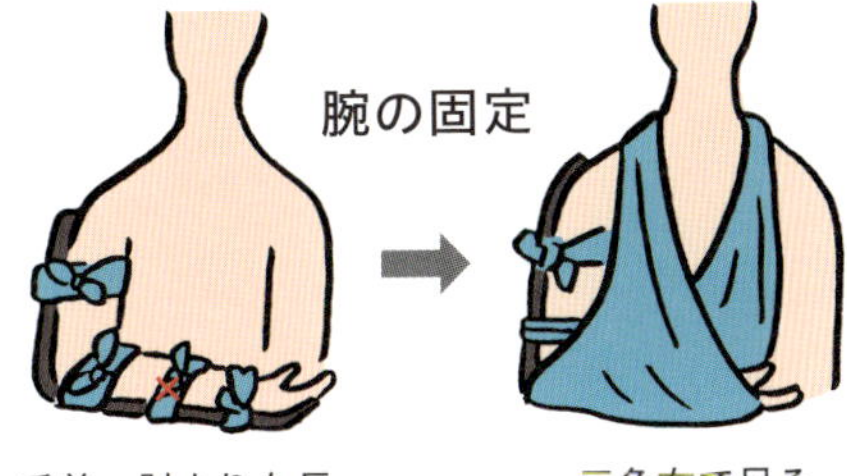

手首〜肘よりも長い副木で固定する

三角布で吊る

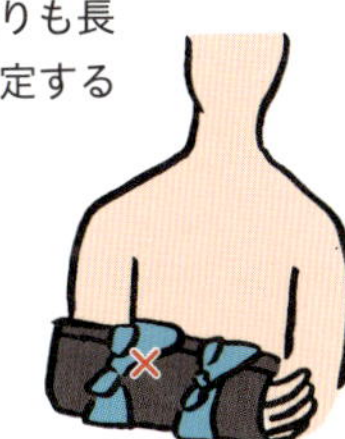

新聞紙の束や雑誌を副木代わりにする

足の固定

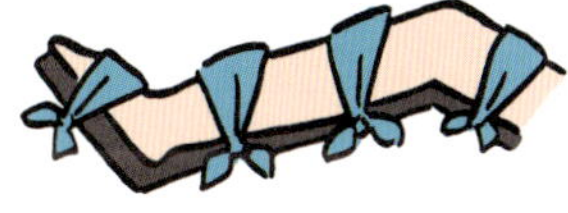

足首〜膝よりも長い副木で固定する

登山靴を履いたままでの捻挫の処置法

これは軽症の場合の処置法。重傷、もしくは長い距離を歩く場合は、靴を脱いでテーピングでしっかり固定すること。

❶

靴を履いたまま、折って帯状にした三角巾の真ん中を踏む

❷

三角巾の両端を足首の後ろ側に回して交差させる

❸

両端を前に回してもう一度交差させ、矢印のように通す。反対側も同様に

❹

両端を結んで固定する

救助を待つ（ビバーク法）

救助を要請し、傷病者に応急手当を施したら、安全な場所（P127参照）で救助を待ちます。山のなかでは、すぐに救助者が駆けつけてくれるわけではありません。場合によっては1〜2日かかることもあるので、その間、できるだけ体力を消耗させせないようにしなければなりません。

待機（ビバーク）するときにあると便利なのがツエルト（簡易テント）です。ツエルトがあれば風雨を防ぐことができ、また工夫次第でいろいろな使い方ができるので、日帰りの登山であっても必ず携行するようにしましょう。

ツエルトがなければ、着の身着のままでビバークするしかありません。着替えや防寒着、雨具など、所持しているウェアをすべて着込み、レスキューシートや新聞紙を体に巻きつけて体温を逃がさないようします。地面からの冷えを防ぐには、空にしたザックを地面に敷いて、その上に座るといいでしょう。

ツエルト + 傘をさす

折り畳み傘を持っているのなら、傘をさしてツエルトを被れば、内部空間を広げることができる。

ツエルトを被る

強風でツエルトを張れないときや、張るスペースがない場合は、頭からすっぽりとツエルトを被る。

ツエルトをテントのように張る

立木と立木の間にロープを張って、ツエルトをテントのように立てる。
ある程度、快適な居住性が得られ、体を横にすることもできる。

ツエルトをタープ代わりにする

雨や風の心配がなく、気温もある程度高ければ、ツエルトをタープのように
張ってもいい。体の下にはザックや枯れ葉などを敷く。

ヘリコプターに合図する

今日の遭難救助は、天候や地形に問題がなければ、ヘリコプターによって行なわれます。ヘリコプターに搭乗した救助隊員が現場で降下し、ホイストと呼ばれる巻上機で遭難者をピックアップして下界へと搬送するわけです。

ヘリコプターにスムーズに救助してもらうためには、ピックアップされやすい開けた場所や見通しのきく尾根筋などで待機し、ヘリコプターが見えたら合図を送ります。下図は、長野・富山・岐阜の山岳遭難防止対策協会が決めた救助を求めるサインなので、覚えておくといいでしょう。

周囲に開けた場所がなく、発見されにくい樹林帯のなかなどで待機せざるをえない場合は、光を反射するレスキューシートを大きく振ったり、枯れ木や落ち葉を燃やして煙を出すなどして、自分の居場所を知らせます。市販されている山岳遭難救援用の赤色発煙筒をセルフレスキューの装備に加えておくのもいいかもしれません。

救助を求めるサイン

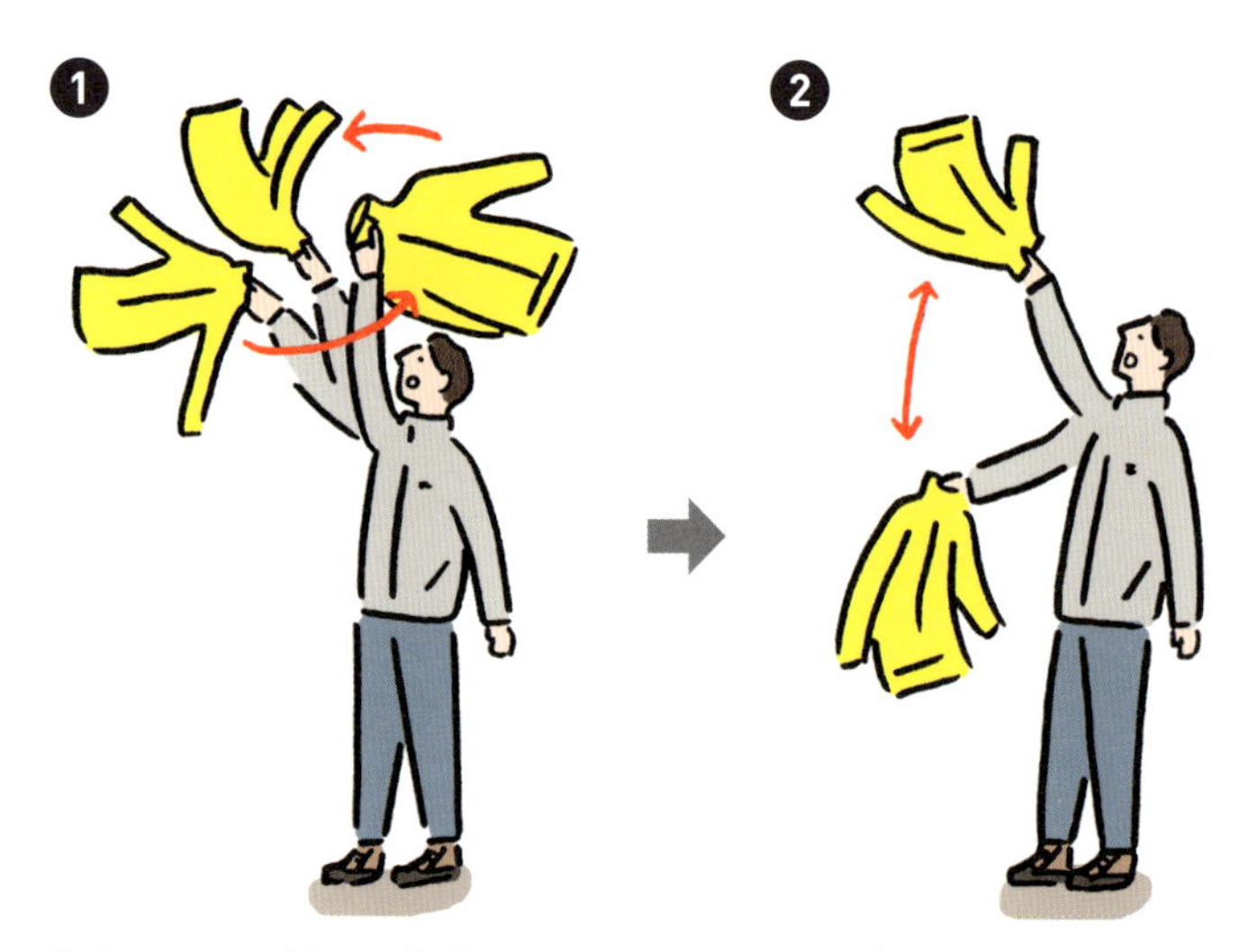

1 救助のヘリコプターに気付いてもらうには、雨具やジャケットなどを頭上で円を描くようにして大きく振る。

2 ヘリが近づいてきたら、雨具などを体の横で上下に振って自分が救助要請者であることを伝える。

救助にかかる費用は？

遭難者の救助に警察官や消防隊員、警察ヘリや防災ヘリが出動しても、原則的に救助費用は当事者負担にはならず、税金でまかなわれています。

だからといって、「救助費用はタダ」だと思ったら大間違いです。というのも、警察や消防の救助隊員のほかに、有償となる民間救助隊員が出動するケースも少なくないからです。山域や季節によって異なりますが、民間救助隊員の日当は1人1日3～5万円といったところが相場のようです。そのほか、隊員にかける保険代、装備の消耗品代、宿泊代（救助のため山小屋に泊まる場合など）、食費、交通費なども請求されます。これに加え、民間のヘリコプターが出動すると、1時間あたり50～60万円の費用もかかってきます。こうしたことから、遭難救助には安くて数万円～数十万円、捜索が長期化すれば数百万円の費用が当事者負担となっているのが現実です。

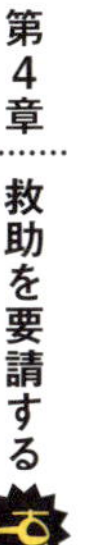

警察・消防の救助ヘリおよび救助隊	すべて0円（費用は税金より捻出）
民間救助隊	1人1日あたり 30,000 ～ 50,000円
民間救助ヘリ	1分間のフライトで約10,000円 1時間 約600,000円

たとえば、こんなときは……

滑落して行動不能となり救助を要請。天候不良のためヘリが飛べず、警察の救助隊員ふたりと民間救助隊員3人が出動し、2日間かけて救助を行った場合。

民間救助隊員の日当	1人30,000円×3人×2日＝180,000円
民間救助隊員の山小屋宿泊費	9000円×3人＝ 27,000円
民間救助隊員の保険代	5000円×3人＝ 15,000円
消耗品費（ロープ、行動食など）	50,000円

合計　272,000円

山岳保険に加入しよう

山で遭難すると、救助にかかる数万円〜数百万円の費用を遭難者もしくはその家族が負担しなければなりません。数万円ですむならともかく、数十万円以上となると経済的負担が当事者に重くのしかかってきます。

そこで必要となるのが、救助費用を補償してくれる山岳保険への加入です。万一のときに救助活動をスムーズに進めるため、そして家族や仲間のために、山岳保険は登山の必携装備と考え、必ず加入するようにしましょう。

山岳保険は、保険会社や山岳団体が商品化しており、その種類は補償内容によってさまざまです。最もシンプルなのは、必要最小限の捜索・救助費用のみを補償するもので、これに死亡・後遺障害、入通院、個人賠償責任などを組み合わせたプランが各種ラインナップされています。

山岳保険を選ぶ際には、山岳登攀（クライミング、沢登り、雪山登山など危険度が高いもの）を行なうかどうかが、ひとつの大きな目安となります。山岳登攀をするのなら、それらをカバーしたものを、しないのなら、無雪期の一般登山やハイキングのみを対象とした保険を選びましょう。

また、高山病や凍傷などの病気による遭難も補償の範囲内か、救助のため仲間が現場に駆けつけて活動する費用もカバーされるのか、なども要チェックです。ほかに加入している傷害保険や生命保険があるならば、それらの内容もよく確認して、補償が重複しないようにするのもポイントです。保険によっては過去の支払い事例をネットで公開しているものもあるので、チェックしてみるといいでしょう。

なお、多くの保険は1年ごとの契約となっていますが、1回の山行ごとに加入できる短期保険もあります。この類の保険は山行前日でもネットや電話で申し込みができ、保険料も1日あたり数百円と、かなりお手軽です。年間の山行が数回程度の人には、このタイプの保険をお勧めします。

ふだんからできるトレーニングと体調管理

第5章

登山に要求される体力は？

山歩きの基本は「歩くこと」です。しかし、街の舗装道を歩くのとはワケが違います。重い荷物を背負って、障害物やアップダウンの多い、複雑で変化に富んだ道を長時間歩き続けなければなりません。つまり、登山というのは、体に大きな負担のかかる、非常に過酷な行為なのです。

そこで必要となってくるのが体力です。体力があればあるほど、余裕を持って山を歩けるようになり、気持ちにも余裕が生まれ、万一のアクシデントにも落ち着いて対処することができます。逆に体力が不足していると、歩くことだけで精一杯になり、とっさの危険に対応できなくなってしまいます。実際、体力不足が原因となっている遭難事故は少なくないものと考えられています。

山を歩くには以下に示したような体力が求められ、山で事故に遭わないようにするためには、これらの体力を向上させることが重要になってくるのです。

余裕を持って山を歩くには、全身持久力や筋持久力をはじめ、筋力、敏捷性、柔軟性、バランスなどの総合的な体力をトレーニングによって鍛える必要がある。

生活のなかでできるトレーニング

体力は加齢とともに低下しますが、トレーニングを日常的に行なうことによって、体力を維持・向上させることは可能です。といっても、忙しくてなかなかトレーニングの時間がとれない人も多いと思うので、まずは日常生活のなかにトレーニングを取り入れることから始めましょう。

たとえば、誰でも簡単にできるのがウォーキングです。通勤の行き帰りにひとつ手前の駅で下りて会社や自宅まで歩く、いつもは車で買物にいくところを歩いていくなどすれば、長い距離を歩くことを習慣化させられます。ただ、のんびり歩いてもあまり効果はないので、速度を上げてなるべく長い距離を歩くようにしてください。また、会社や駅ではエレベーターやエスカレーターを使わずに、階段を上り下りしましょう。そのほか、電車の中で座らずに立っていることはバランス感覚を磨くのに役立ちますし、ストレッチングはテレビや新聞を見ながらでも行なえます。

全身持久力を高めるトレーニング

重い荷物を背負って何時間も歩き続ける登山は、おもに全身持久力が要求される運動です。全身持久力というのは、全身的な運動を長時間続ける能力のことで、「スタミナ」や「心肺機能」という言葉にも置き換えられます。

この全身持久力の指標となるのが最大酸素摂取量（体重1kgあたりにつき、1分間にどれだけ多くの酸素を体内に取り込めるかという値）です。最大酸素摂取量が多ければ、体内に効率よく酸素を取り込めるので、酸素不足に陥ることなく円滑に有酸素エネルギーが生産され、長時間にわたって快適に山を歩き続けることができます。

全身持久力を高める、すなわち最大酸素摂取量を増やすには、ジョギングや速歩、水泳、自転車、踏み台昇降など、一定の負荷がかかる運動を長時間継続する有酸素系のトレーニングが有効です。

前述したように、登山は体に大きな負担がかかる過酷な運動です。日常生活のなかで取り入れられるトレーニングだけでは、はっきり言って不充分であり、登山に必要な体力はつきません。できれば有酸素系のトレーニングを毎日20分以上行なうようにしましょう。1週間に1回程度や、20分以内のトレーニングでは効果は期待できません。

また、トレーニング効果を最も上げられるのは、「きつい」と感じるぐらいの運動強度です。その目安となるのが心拍数で、全力で運動をしたときの最大心拍数（回／分）は「220－年齢」とされていますが、これに0.8をかけた数字、つまり「(220－年齢)×0.8」という計算式で求められる数字を目標心拍数（回／分）にするといいでしょう。

もしラクに感じるようなら、スピードを上げたりザックを背負うなどして負荷を強めましょう。ただし、最大心拍数に近い強度では体に負担がかかりすぎるので、心拍数を上げすぎないように注意してください。

ジョギング
踏み台昇降
サイクリング
水泳

筋力をアップする

重いザックを背負って登山道を何時間も歩き続ければ、当然、脚や背中、腹、肩や首など各部の筋肉に非常に大きな負荷がかかってきます。その筋肉が鍛えられていれば、負担が軽減され、安定して山を歩くことができます。逆に筋力が低いと、足元がふらつくなどして転滑落や転倒事故を招きやすくなってしまいます。

筋力を鍛えるには、特定の筋肉に負荷をかけながら短時間に同じ動作を何回も繰り返す筋力トレーニングを行ないます（イラスト参照）。それぞれの運動を何回行なうかは、運動の種類や個人の筋力、負荷のかけ方によって違ってきます。おおよその目安としては、各10～20回を1セットとし、1日2～3セットから始めるといいでしょう。

筋力トレーニングは1～2日おきに行なうのが最も効率的とされています。各運動の回数は、慣れるに従い徐々に増やしていきましょう。

スクワット

足を肩幅よりやや広めに開いて直立し、お尻をうしろに突き出すように腰を落とす。踵は上げないこと。太ももが床と平行になるまで膝を曲げたら、また元に戻す。大腿四頭筋を鍛える。

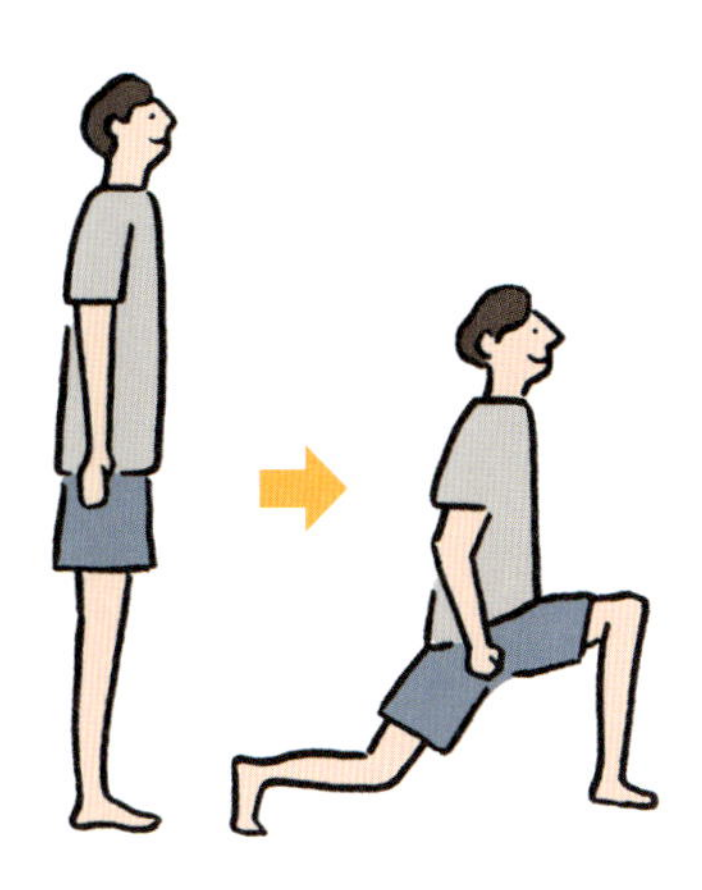

ランジ

真っ直ぐ立った体勢から片足を前に一歩踏み出して腰を落とす。充分に腰を落としたら、踏み出した足を蹴って元の体勢に戻る。左右それぞれの脚で行なう。大腿四頭筋と体幹を鍛える。

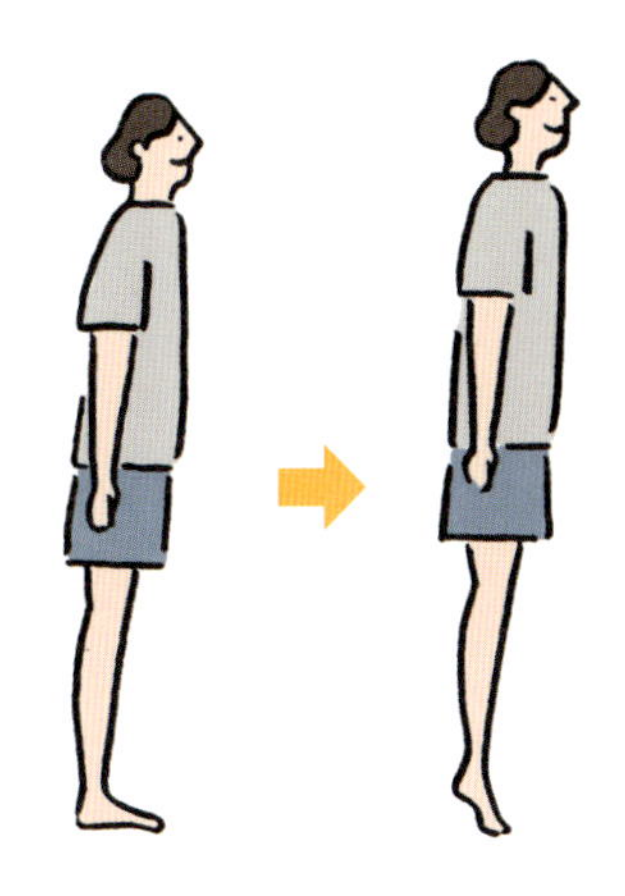

カーフレイズ

背筋を伸ばして直立し、両脚の踵を上げ下げする。壁に手をついて片足ずつ行なってもいい。ふくらはぎの筋肉を鍛える。

プッシュアップ

いわゆる腕立て伏せ。両手を肩幅より広く開き、肘を直角に曲げて上体を沈め、また元に戻る。大胸筋や上腕三頭筋を鍛える。

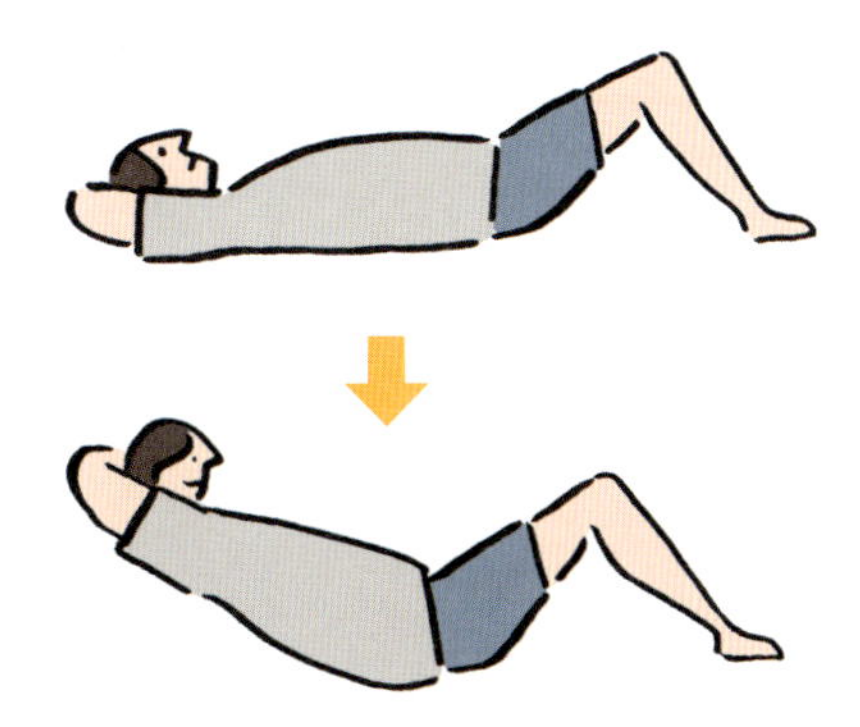

クランチ

仰向けになって軽く膝を曲げ、頭のうしろで手を組む。へそが見える位置まで上体を起こし、また元に戻る。腹筋を鍛える。

体幹を鍛える

体幹とは胴体、いわゆる体の中心（コア）となる部分を言います。体幹を構成する筋肉にはアウターマッスル（体の表層に近い筋肉）とインナーマッスル（体の深層部にある筋肉）があり、アウターマッスルは主に体を動かす役割を、インナーマッスルは体を支える役割を果たしています。最近、「体幹トレーニング」という言葉をよく聞きますが、これは「インナーマッスルを鍛える」という意味で使われていることが多いようです。

体幹のインナーマッスルを鍛えると、体の軸が安定して姿勢がよくなる、動作が機敏になる、バランス感覚が向上する、ケガや疲労を予防するなど、さまざまないい効果が現れるようになります。とくに大小の岩や石がゴロゴロしている不安定な道を長時間歩く登山では、バランスよく体重移動を行なうことが転滑落や転倒などの事故防止につながるので、ぜひ体幹トレーニングを取り入れてください。

閉眼片足立ち

両手を横に広げ、両目を閉じて片足で立ったままの姿勢をキープ。左右それぞれ2分を目標に行なう。

バランスディスク

片足でディスクの上に立ち、バランスをとりながら立ったままの姿勢をキープする。左右それぞれ15 ～ 30秒程度。

ワンレッグ デッドリフト

片足で立ち、両腕を前に出して上体を前に倒しながら、一方の足をうしろに伸ばす。上体と腕が床と水平になったら元の姿勢に戻る。左右それぞれ10回×3セットが目安。

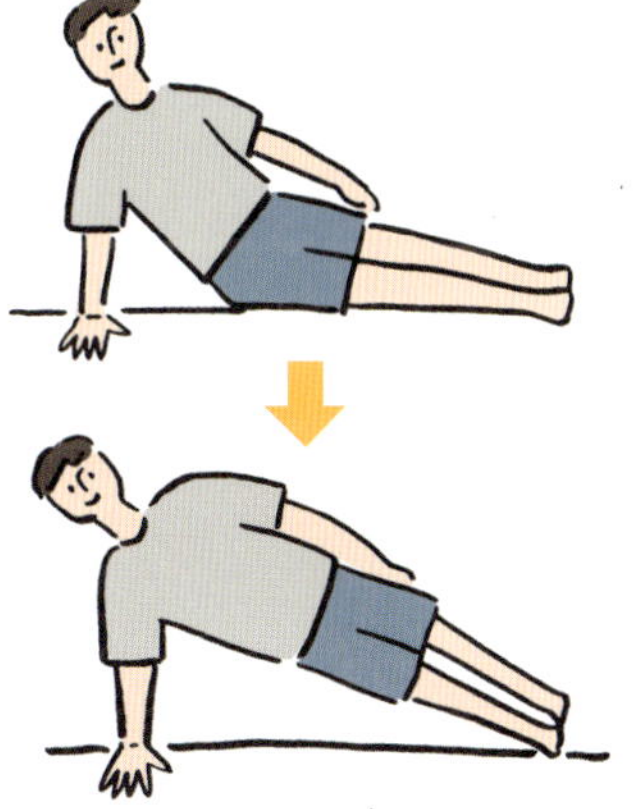

サイドプランク

横向きに寝た体勢から、肘を床について腰を浮かし、体を真っ直ぐ伸ばす。この体勢を維持したまま、1分継続を目標に左右それぞれ3セットずつ行なう。

プランク

うつ伏せの体勢で床に肘と爪先をつき、体を真っ直ぐに伸ばして姿勢をキープする。1分継続を目標に3セット行なう。

バランスボール

ボールの上に座り、両手を広げてバランスを取りながら片足を浮かせる。その体勢を10秒キープし、ゆっくりと元に戻る。左右それぞれ10回×3セットずつ行なう。

山行前の効率的な食事の取り方

せっかく山に行ったのに、体調が優れなければ楽しさが半減するばかりではなく、さまざまな危険を招くことにもなりかねません。山へは万全の体調で臨みたいものです。

良好な体調は、規則正しい生活によって維持されます。トレーニングを習慣化するとともに、疲れやストレスを溜めないように充分な睡眠を摂るように心掛けます。

また、栄養バランスのいい食事を毎日しっかり摂ることも大事です。とくに現代はカロリーオーバーになりがちなので、脂質や糖質の摂り過ぎには注意して、タンパク質やビタミン、ミネラルなどを効率よく摂りましょう。

山行1週間前になったら、いつもとはちょっと食事の内容を変えて、山仕様の体に仕上げていきます。まず、体調を整えるためにふだんよりもビタミンとミネラルを多めに摂るようにします。ビタミンは微量で身体の生理機能を調整している栄養素で、野菜や果物に多く含まれています。

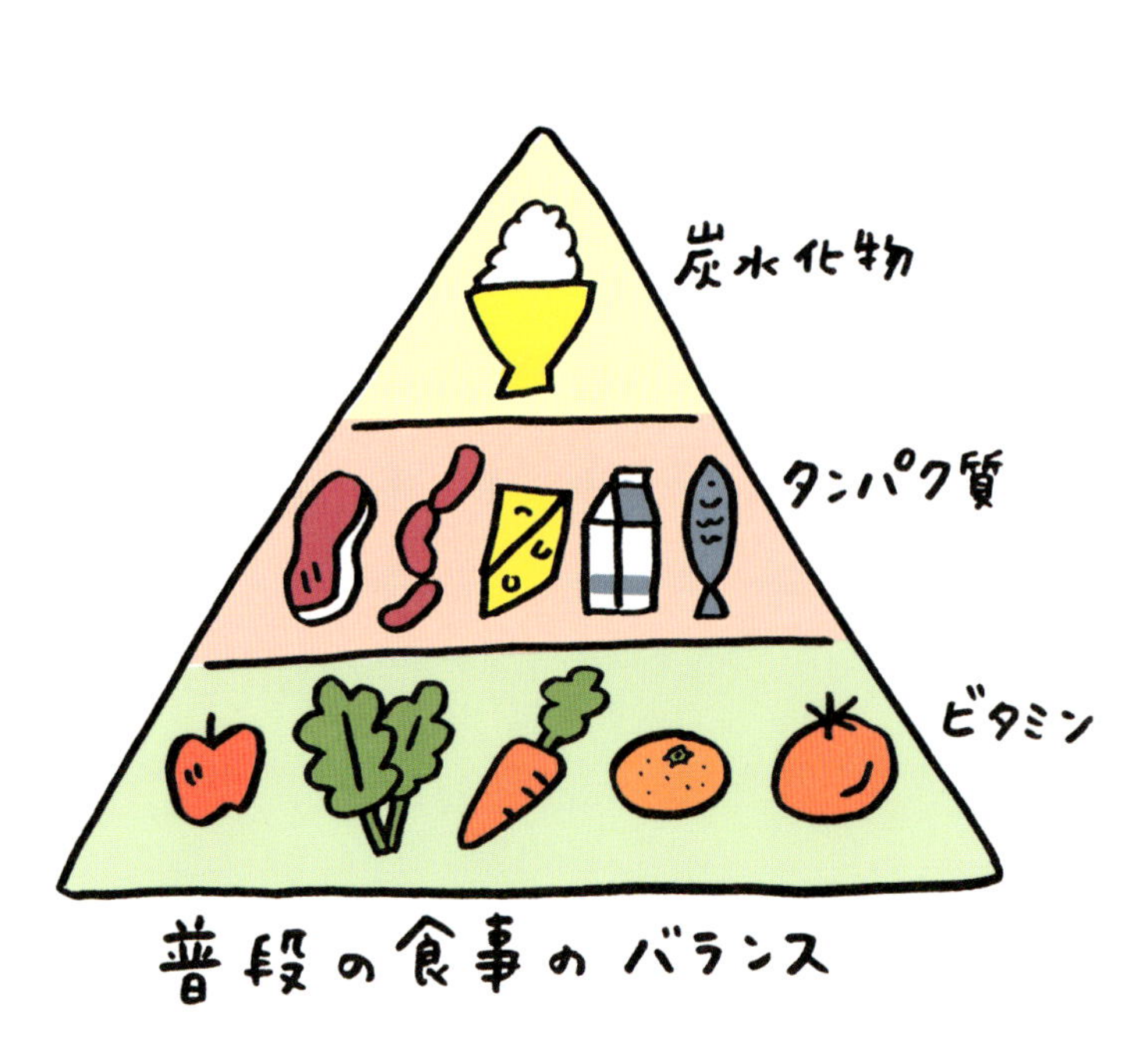

山行2～3日前から糖質の摂取量を増やす

牛乳や乳製品、魚、海草、肉、卵、緑黄色野菜などに多く含まれるミネラルは、鉄分やカルシウム、ナトリウムなどの総称で、生理機能の円滑化や疲労回復などに役立ちます。

山行2～3日前からは糖質の摂取量を増やし、筋肉のなかに筋グリコーゲンをたっぷり蓄えておきます。筋グリコーゲンは山歩きのエネルギーとして真っ先に使われるもので、これが多く蓄えられているほど、高い持久力が得られます。このように、運動の前に筋グリコーゲンを蓄えるために炭水化物中心の食事を摂ることをカーボローディングといい、トレイルランニングやマラソンなどの選手らによって実践されています。

より効果的にカーボローディングをするには、山行4日前にハードなトレーニングを行なって筋グリコーゲンを一度消費してから、高糖質食（穀物やイモ、麺類、砂糖類など）を摂るといいでしょう。また、山行1週間前に激しい運動を行ない、その後3日間は糖質をほとんどとらずに脂質とタンパク質が中心の食事をし、山行3日前になってから高糖質食に切り替えると、さらにたくさんの筋グリコーゲンを蓄えることができます。

山行中の食料計画

登山に携行する食料は、軽量であること、手間暇をかけずに食べられること、そして高カロリーであることが基本です。とはいえ、体力に自信があって、余裕を持った行程を組んでいるなら、あまりこだわる必要はありません。食べたいものを持っていけばいいし、食材をどっさり持っていって手の込んだ料理をつくってても全然かまいません。

山で食べる食事は、それがコンビニのおにぎりであっても、なぜか美味しく感じるものです。美しい自然のなかで食事を楽しむのも、登山の大きな魅力のひとつなのです。

山での食事をどう摂るかは、登山の形態によって違ってきます。たとえば山小屋泊まりの登山なら、朝晩の食事は小屋で提供してもらえるので、基本的には昼食だけを用意すればOKです。これは日帰り登山も同様です。

ただし、山ではランチタイムを設けてしっかり昼食を摂るということはあまりせず、休憩時にこまめに行動食を食

行動食は、高カロリーですぐに食べられるものが適している。エネルギー源とアミノ酸（疲労や筋肉痛の早期回復に効果的な栄養素）を同時に補給できるゼリー飲料もお勧め。

べる人のほうが多いようです。これは、エネルギー源とミネラル分の枯渇予防および時間の短縮という点で効果的だからです。

行動食として適しているのは、おにぎり、パン、クッキー、煎餅、飴玉、チョコレート、ナッツ類、グラノーラ、エネルギー飲料など、そのまま口にすることができるシンプルで高カロリーなものです。悪天候のときでもすぐに取り出して食べられるよう、小分けにしてウェアやザックのウエストポケットなどに入れておくといいでしょう。

もちろん、天気に恵まれ時間に余裕があるときは、展望の開けた山頂などでゆっくりランチタイムをとってもかまいません。

朝晩の食事を自分たちで作る必要があるのは、テント山行もしくは山小屋に素泊まりするときです。その場合には、計画時にメニューを考えて必要な食材を揃えます。メニューは体が温まるもの、高カロリーなものが適しています。フリーズドライ食品やインスタント食品、レトルト食品、乾物などは軽量で日持ちするうえ、手間暇をかけずに手軽に調理ができるのでお勧めです。

あとがき

遭難事故の当事者や関係者にお会いして話を聞き、事故の検証を行なうのが、私の執筆テーマのひとつになっています。これまでにたくさんの事故を取材してきましたが、今、改めて思うのは、「どんな事故からでも教訓は得られる」ということです。新聞やテレビでは、〝大量遭難〟や〝奇跡の生還〟など話題性のある事故が大きく取り上げられ、私たちの興味もそうしたものに引かれがちです。しかし、新聞の社会面の片隅に載っているような、小さなベタ記事扱いの事故にも目を向けてみてください。昨今は、事故の要因や経緯にも触れられていない手抜き記事も多いのですが、それでもなんらかの教訓は得られます。

事故の報道に触れたときに、「明日は我が身かも」と考えて、そこから教訓を得ようとする姿勢は、事故を予防するうえでとても大事なことです。逆に「自分には関係のない対岸の火事」と思ってしまい、なにも学ぼうとはしない人は、いつか事故の当事者になる危険を多分にはらんでいるといっても過言ではないでしょう。

過去の事故事例が私たちに突きつけるのは、「山では常に危険と隣り合わせであり、またヒューマンエラーを100%防ぐことはできない」という現実です。それを認識して、謙虚な気持ちで山に対峙していただければ、遭難事故防止に関わるひとりとして、大変嬉しく思います。

2017年3月

羽根田 治

参考文献

『「山の知識検定」公認BOOK 安全登山の基礎知識』
（田中正人、高橋庄太郎、村越真、宮内佐季子、猪熊隆之、羽根田治、野口いづみ、樋口一郎　スキージャーナル）
『山岳気象大全』（猪熊隆之　山と溪谷社）
『地図の読み方 地図アプリの使い方』（JTBパブリッシング）
『ドキュメント 御嶽山大噴火』（山と溪谷社）
『JRC蘇生ガイドライン2015』（一般社団法人 日本蘇生協議会）
『熱中症環境保健マニュアル2014』（環境省）
『山と溪谷』2014年8月号付録「山のピンチシート」（山と溪谷社）
『山と溪谷』2016年2月号（山と溪谷社）
『山と溪谷』2016年11月号（山と溪谷社）

著者　羽根田 治（はねだおさむ）

1961年、埼玉県生まれ。フリーライター、長野県山岳遭難防止アドバイザー。山岳遭難や登山技術の取材経験を重ね、山岳専門誌「山と溪谷」「岳人」や書籍などで発表する一方、沖縄、自然、人物などをテーマに執筆活動を続けている。著書に『ドキュメント 単独行遭難』等のドキュメントシリーズ、『山岳遭難の教訓』『野外毒本』『ロープワーク・ハンドブック』『パイヌカジ 小さな鳩間島の豊かな暮らし』（以上すべて山と溪谷社）など多数。

デザイン・DTP………… 神宮 雄樹（monocri）
イラスト……………………… ヤマグチカヨ
撮影…………………………… 青柳敏史
校正…………………………… 佑文社
写真協力……………………… 木元康晴、長野県警山岳遭難救助隊、打田鍈一、垣外富士夫、松倉一夫、橋本直忠（槍平小屋）、野口いずみ、岐阜県警山岳警備隊、坂本裕子、猪熊隆之、江森滋
協力…………………………… 北アルプス三県合同山岳遭難防止対策連絡会議、日本山岳ガイド協会、山本正嘉（鹿屋体育大学）、長野県山岳総合センター、長野県山岳遭難防止対策協会、ヤマテン、千島康稔

実例に学ぶリスク対策の基礎知識
生死を分ける、山の遭難回避術

2017年 4 月13日　発　行　　NDC 786
2017年11月20日　第2刷

著　者　羽根田 治
発行者　小川 雄一
発行所　株式会社 誠文堂新光社
〒113-0033　東京都文京区本郷3-3-11
（編集）電話03-5805-7765
（販売）電話03-5800-5780
http://www.seibundo-shinkosha.net/
印刷所　株式会社 大熊整美堂
製本所　和光堂 株式会社

ISBN978-4-416-61642-0